AF598966

Ne m’oubliez pas

Sandrine Deslandes

Ne m'oubliez pas

ISBN : 979-10-422-1401-2

À Clémentine et Margaux, ses petites sœurs,

À Jessica, son grand amour,

À Joris, Johan, Alexis, Ludo, Alexandre, Florian, Jehan, Jérémy, Julien, Mathieu, Guillaume, Romain, Estelle, Léo, Keltoum, Emma, Adrien, Imran, Quentin, Mehdi, Coraline et Nadir,
ses « amis pour la vie »,

À Justine, Géraldine, Benjamin, Clotilde, Bastien, Lionel, Jérémy et Marie, ses cousins,

À mes sœurs adorées, Corinne et Nathalie,

À Christophe, son papa...

À ma mère qui me manque tant...

A ma FAMILIA PARA SIEMPRE

Aux anges, petits et grands, dont j'ai croisé le chemin

S'il suffisait qu'on s'aime, s'il suffisait d'aimer…

J'ai longtemps cru que tout mon amour pour toi allait pouvoir te sauver. Mais j'ai eu beau en déployer des flots et des flots, rien n'y a fait, contre la fatalité, on ne peut rien. Comment accepter que ton destin ait été celui-ci ? J'ai beau retourner la question dans tous les sens, je ne vois aucune explication.

Il y a quelques jours, Jessica s'est fait un tatouage : la date de votre rencontre (11/01/2011) et le signe de l'infini, tatoués sur ses côtes. Elle m'a dit :

— *Tu sais, Florent voulait que notre histoire soit écrite quelque part. Je lui avais dit que notre histoire, je ne l'oublierai jamais, même si elle n'était pas écrite. J'avais dans l'idée d'aller à Paris, mettre un cadenas sur le pont des amoureux. Cette idée de tatouage, je l'avais déjà, mais je ne lui avais jamais dit. Je pense que ça lui fait plaisir.*

Tu vois, Florent, on continue à faire les choses en pensant à toi. J'ai mis autour de mon cou la chaîne de ton baptême et je dors avec le doudou que tu as serré si fortement pendant ces trois années de maladie. Je ne me résous pas à ton absence, à l'acceptation que la maladie t'ait choisi, toi, et à continuer la vie sans toi. J'ai besoin de donner du sens à tout cela et j'ai l'envie de témoigner de ce qu'a été ce combat, sa dureté, ton courage, tes leçons de vie.

Pour tous ceux qui t'ont côtoyé, soutenu, soigné, aimé. Pour qu'ils connaissent l'autre côté du miroir, tout ce que jusqu'au bout, tu n'as pas voulu montrer.

22/02/2014

Ce soir, je suis rentrée dans ta chambre et me suis assise sur le fauteuil rouge de Léo, celui que tu avais voulu acheter pour lui, où il pourrait s'asseoir pour jouer à la PlayStation. J'ai regardé le mur de ta chambre où est écrit : « *Don't worry, be happy !* » et j'ai pleuré. C'était un peu ta devise, tu me disais tout le temps : « *M'man, arrête de stresser ! Je gère !* ».

Ce soir, je ferais n'importe quoi pour qu'on te rende à moi. J'ai besoin de te serrer dans mes bras, de te toucher, de te parler, d'entendre ta voix. J'attends même que tu m'appelles, ton numéro est toujours enregistré dans mon téléphone. J'ai augmenté le son de ma sonnerie, tu me reprochais souvent de ne pas l'entendre…

Tout me manque. Je suis repassée au cimetière cet après-midi, je n'arrive pas à me résoudre à te savoir sous cette terre. L'autre jour, Momo m'a dit : « *C'était son destin de vivre 18 ans, c'est comme ça.* ». Non, je ne me résignerai jamais, à la violence de la maladie, dès le début, à cet acharnement qui ne t'a laissé aucun répit, jamais, jamais…

Cela fait une semaine que je suis rentrée de la clinique et c'est l'enfer. Chaque recoin de la maison me parle de toi. Quatre brosses à dents seulement sur le lavabo. Avec papa, c'était toujours la bagarre, il te piquait toujours la tienne. Tu ne la voulais surtout pas verte, en rapport avec le foot et les Stéphanois… Est-ce si simple d'effacer la vie, jeter une brosse à dents ?

On voudrait que j'avance, que j'occupe mon esprit à l'extérieur pour ne plus penser à toi, mais moi, je ne veux pas. J'ai encore besoin de rester avec toi, que tu tiennes toute la place.

Comme me l'a dit la psychologue de la clinique : « *Vous n'arrivez pas à défusionner. C'est sans doute que vous avez encore besoin d'être avec Florent et de ne laisser personne s'insérer entre vous et lui. Accordez-vous ce droit.* ».

J'ai encore ton parfum dans ma mémoire et ton sourire qui illuminait tout ton visage. Je t'aime, je t'aime ! Qui peut comprendre ce que je ressens ? Ce vide immense que tu as laissé. Ces décharges qui irradient mon cœur à chaque fois que je pense à toi. Cette douleur insupportable de ne pouvoir te retenir à la vie et l'obligation de laisser la maladie t'emporter vers ce néant où tu ne voulais pas aller. Comme suspendu dans le vide, je serrais désespérément ta main pour ne pas laisser la mort t'engloutir. Mais je n'ai rien pu faire, je n'ai pas pu te sauver. Pourtant, une maman est là pour protéger son enfant, et moi, je n'ai pas pu. Comment accepter ? Tu ne demandais qu'à vivre. Souvent, quand les gens me disent : « *Pense à ce que voudrait Florent, il ne voudrait pas te voir dans cet état* ! ». Je réponds simplement : « *Florent voudrait être encore en vie...* ».

Pauline

20/11/2013

Docteur,

J'ai attendu un appel de votre part ou quelques mots sur une carte pour me dire « Je pense à vous, je suis triste et je n'oublierai jamais Florent », mais vous ne l'avez pas fait…

Je me suis mise à espérer encore que vous seriez là, cachée parmi la foule immense venue dire au revoir à Florent, ce samedi 12 octobre, mais vous n'étiez pas là…

Vous avez beaucoup compté dans la vie de Florent. Vous étiez « Pauline», celle que tout le monde connaissait sans jamais l'avoir rencontrée. Celle qui s'est battue pour lui donner quelques mois de vie supplémentaires, qu'il s'est appliqué à sublimer…

Mais je sais que le « protocole » vous l'interdit. Sans doute êtes-vous déjà repartie sauver un autre enfant, l'hôpital n'en manque malheureusement pas… mais Florent n'entrait pas dans les protocoles et moi, je les ai toujours détestés ! Mais je veux croire que votre rencontre avec Florent aura été exceptionnelle et que son combat et son courage vous auront touchée.

Aujourd'hui, je pars me faire aider à continuer à vivre sans Florent et à avancer avec les images atroces de cette guerre contre la maladie tatouées dans ma mémoire.

Je suis épuisée de m'être battue aux côtés de Florent et d'avoir tenté, en vain pendant ces trois années, de vous faire entendre qu'il n'était pas qu'une maladie. Je ne sais pas si vous découvrirez un jour un traitement, mais je veux quitter cette terre en me disant qu'il n'y avait rien à faire...

Je vous remercie de vous être battue pour lui, de votre engagement et de votre courage.

Nous ne nous sommes souvent pas comprises, mais vous resterez à jamais dans mon cœur.

Sandrine Deslandes

Réponse :

Bonjour,

J'ai bien reçu votre lettre qui m'a beaucoup touchée... Je tiens juste à vous dire que je suis profondément désolée que vous n'ayez apparemment pas lu le message texte que je vous ai envoyé le jour du départ de Florent et qui disait à quel point j'étais désolée et comme je pensais à vous.

Florent restera toujours présent dans ma vie de médecin, comme une personne hors du commun et dotée d'un courage extraordinaire. Nous avons tous les deux eu notre mode de communication un peu particulier et la confiance qu'il m'a donnée a toujours été pour moi un immense cadeau.

Je pense souvent à vous et à votre douleur insoutenable et je veux que vous sachiez que je resterai (dans mon cœur en tout cas) le médecin de Florent. Je suis là si vous le souhaitez, tout simplement, juste pour être là, pour vous. Je ne peux malheureusement pas faire beaucoup plus.

Profonde tendresse.

Pauline

L’annonce de la fin…

Ce matin du 4 juin 2013, nous étions arrivés plutôt de bonne humeur au service de radiothérapie. Tu avais passé le Pet scan[1] la semaine précédente et Pauline m’avait promis de m’appeler lundi si quelque chose de grave était mise en évidence.

Alors que je te dépose devant la salle d’attente et m’apprête à aller chercher un café, la secrétaire vient à nous et nous dit que le Dr LC nous attend. Bizarre, je l’avais eue au téléphone le samedi midi, tout semblait OK…

Elle nous fait entrer dans son bureau, ferme précautionneusement la porte… Elle s’assoit face à nous, te regarde et te dit :

— *Alors voilà, finalement, on ne te fera pas de radiothérapie. Nous avons eu les résultats du Pet Scan et de la scintigraphie : la maladie s’est propagée un peu partout dans ton corps. On arrête tous les traitements, il n’y a plus de guérison possible.*

La tête me tourne. Tu bondis de ta chaise et te mets à hurler : « *Je vais mourir, je ne verrai pas mes 18 ans ! Maman, tu ne vas pas laisser faire ça, tu vas faire quelque chose ! Et puis, je ne peux pas te laisser toute seule !* ».

Je me lève, te prends dans mes bras et te dis juste : « *Je ne suis pas toute seule Florent. C’est fini, je ne peux plus rien faire…* ».

[1] Examen radiographique des muscles permettant de repérer les cellules cancéreuses grâce au glucose

Je me rassois, les larmes coulent à flots et je demande à LC. de me montrer l'écran et de m'expliquer : « *Tout ce qui est en bleu, c'est la maladie. Il y en a dans la tête, dans le dos, au-dessus de la vessie…* ».

Ce moment dont j'avais mille fois imaginé qu'il finirait un jour par arriver était là. Comme dans les dessins animés, le sol s'ouvrait sous mes pieds, je tombais dans un précipice énorme et la chute ne s'arrêterait jamais. Florent allait mourir, c'était maintenant sûr. Un voile noir devant mes yeux.

Tu ne veux plus écouter, tu veux partir de ce bureau et moi je n'arrive pas à me lever de ma chaise. Tu te rues vers la porte, LC se précipite pour fermer le verrou.

Tu hurles, je pleure et te serre dans mes bras. LC me tient la main, elle pleure aussi : « *C'est trop injuste* », me dit-elle. Elle me demande si je veux voir quelqu'un de l'équipe. Pauline n'est pas là. Je demande à voir Laura. J'appelle Papa et Corinne. On nous change de bureau. Laura arrive en même temps que Papa. Je demande à LC de lui parler.

Laura m'emmène avec elle. Elle me dit que l'équipe ne savait pas comment nous annoncer la nouvelle, les médecins en ont discuté jusque tard dans la soirée. Puis, elle me dit : « *Madame Deslandes, vous saviez, vous aviez compris avant tout le monde…* ». Elle est là, elle ne me lâche pas, elle sera là jusqu'au bout et même après…

Nous sortons de l'hôpital tous les trois. Corinne nous rejoint à l'entrée. Tu te précipites dans ses bras : « *Tatie ! C'est fini, je vais mourir !* ». Corinne s'effondre, non, ce n'est pas possible, on n'a pas pu nous dire ça, pas après tout ce que tu t'es battu ! Si, c'est fini. Combien de temps reste-t-il ? On ne sait pas, LC a juste dit : « *Pas tout de suite… Pauline va te proposer un traitement pour te prolonger un peu, ça ne s'arrête pas maintenant…* ».

Maintenant ou plus tard, quelle importance ? À la seconde où l'on nous a annoncé la nouvelle, notre vie s'est arrêtée. Et tout se met à défiler. Trois ans de combat acharné pour en arriver là. Quoi de plus injuste ? La douleur fulgurante qui a traversé mon cœur ce mardi 4 juin 2013 ne me lâchera plus jamais.

Nous rentrons à la maison, toi avec papa, moi seule. Cette facilité encore pour les médecins à nous annoncer des horreurs et à fermer la porte.

À nous laisser seuls face au cauchemar. Mais leur travail s'arrête aux portes de l'hôpital, nous avons fini par le comprendre. Après tout, ils ne sont pas responsables de ce qui nous arrive, alors pourquoi vouloir qu'ils assument avec nous notre destin ? Mais à qui s'en prendre, sinon aux médecins ? Nous n'avons qu'eux en face de nous. Nous avons besoin de comprendre : pourquoi toi ? Pourquoi tant d'acharnement ? Aurions-nous pu faire autrement ?

J'arrive la première à la maison. Catherine est déjà là, avec Alex et Joris qu'elle a récupérés au lycée. Puis Chantal arrive. Les garçons se précipitent vers moi, cherchant dans mes yeux un espoir que ce que tu leur as dit n'était pas vrai. « *C'est fini, leur ai-je dit, il va mourir.* ». Alors, ils se mettent à crier. Peu à peu, les autres copains arrivent, s'étant prévenus les uns les autres. Ils se pleurent dans les bras. Ils ont investi la maison, le garage, le lotissement. Tous pleurent comme des enfants que vous êtes d'ailleurs tous encore. Les parents arrivent aussi, des larmes plein les yeux. Ils sont tous là et seront là jusqu'au bout et même après…

Et puis tu arrives avec papa. Tu descends de la voiture, stoïque, passes au milieu de tous les amis, sans dire un mot et vas t'asseoir sur le canapé. Tu attends tes sœurs que tu as réclamées de tout ton corps tout à l'heure à l'hôpital. Tu veux leur annoncer toi la nouvelle. Elles arrivent, aucune larme ne coule. Tu les prends dans tes bras, leur parles et les réconfortes.

À partir de ce jour, tu t'appliqueras à leur distiller un peu de toi, qu'elles garderont en elles et qui leur permettra d'affronter ce qui va se passer maintenant et après. Aimer la vie à tout prix, jusqu'au bout et l'importance de se fabriquer des souvenirs. Des promesses de ton amour en héritage. Quelle leçon de courage pour elles !

Ce soir-là, les copains vont rester avec toi. Ils iront acheter de quoi manger et resteront avec toi toute la soirée. Le lendemain, ils viendront avec des gâteaux que les filles auront confectionnés pour être avec toi avant ta visite avec Pauline qui t'annoncera la suite de ta vie.

Cette nuit-là, tout le film de ces trois années de combat va défiler dans ma tête…

Le début

Au retour de ces vacances d'août 2010, tu me signales un soir, au repas, une bosse derrière l'oreille :

— *Tu as pris un coup au foot ?*

— *Non, mais ça m'inquiète, parce que j'ai l'impression que ça grossit.*

Je ne m'inquiète pas et prends le temps d'appeler le médecin, ce que tu me reprocheras plus tard.

Après deux mois d'examen, nous voici convoqués à l'IHOP, ce mercredi 15 décembre 2010. Nous avons rendez-vous avec Pauline à 10 h.

Après ½ h d'attente, elle arrive et nous conduit dans un petit bureau. Elle est accompagnée d'une interne, Marie.

Nous prenons place, papa est là et nous ne savons pas encore qu'à la seconde qui suit, notre vie va basculer.

Pauline entre tout de suite dans le vif du sujet : un dessin sur un petit bout de papier pour t'expliquer qu'il existe deux types de tumeurs, les bénignes et les malignes, toi tu es dans le deuxième cas. Je ne la laisse pas continuer de parler, je pousse un cri et me mets à pleurer.

Elle attrape ma main et te dit : « *Ta maman pleure parce qu'elle a compris...* ».

Tu me regardes, tes yeux s'embuent, ceux de papa aussi. Elle explique alors : la maladie, elle la connaît, elle est spécialiste. Elle sait qu'elle te guérira : « *Le chemin sera long et difficile. Parfois, tu auras envie de tout arrêter, mais sache qu'au bout du tunnel, il y aura la lumière...* ».

Puis elle enchaîne très vite : les « médicaments » qu'on va te donner, leurs effets, la durée. Je traduis très vite son discours : « chimios, perte des cheveux, vomissements, 1 an, 2 ans ? »

Elle s'interroge. « *Oui, la maladie, je la connais. J'ai perdu ma mère à 19 ans d'un cancer. Alors, autant utiliser les vrais mots dès le début.* ». « *Ne vous inquiétez pas, en 20 ans, les traitements ont évolué. Aujourd'hui, on maîtrise les effets secondaires et la douleur. Il faut avoir confiance !* ». Puis elle demande à Marie l'interne de t'emmener faire une prise de sang. Elle profite de ton absence pour nous parler d'un effet secondaire en particulier : la stérilité, d'où l'importance du don de sperme.

— *Votre enfant est-il pubère ? A-t-il une petite amie ? Je vous remets ce document sur la masturbation. Si vous n'arrivez pas à lui en parler ce soir, je le ferai demain.*

Je reste abasourdie. On touche à ton intimité, je ne peux pas...

Nous sortons du bureau. La tête me tourne. Je pense à la famille et aux amis qu'il va falloir prévenir.

J'ai oublié mon portable à la maison. Les filles nous attendent. Je veux rentrer. Pauline me coupe :

— *Non madame, vous ne rentrez pas. Cet après-midi, Florent doit passer une radio de la mâchoire et des poumons. Demain après-midi, rendez-vous avec l'anesthésiste et vendredi matin, pose du PAC. Lundi, démarrage de la chimio.*

— *Non, c'est pas possible. On a besoin de rentrer et d'en parler. Et puis, il y a les fêtes, on commencera en janvier.*

— *Non, maintenant que vous savez, ça ne sert à rien d'attendre. On se voit lundi pour la chimio. Ne vous inquiétez pas, Florent sera chez lui pour Noël. Au revoir !*

Voilà, on vient de nous annoncer une horreur et on nous laisse seuls. Des moments comme celui-ci, nous en vivrons beaucoup. On finira d'ailleurs un jour par le dire à Pauline : « *Chaque fois que vous passez la porte, c'est pour nous annoncer une mauvaise nouvelle !* ».

Une grosse dispute interviendra d'ailleurs, un jour de mai. Cet après-midi-là, j'avais un rendez-vous médical et m'étais absentée une heure. Depuis le début de ta maladie, j'avais fait le choix d'être à tes côtés, jour et nuit à l'hôpital.

Tu m'appelles, je suis sur le chemin du retour. À l'autre bout du téléphone, tu suffoques, tu hurles, je ne comprends rien, j'arrive.

Je te trouve effondré dans les toilettes, hurlant de colère et de désespoir. Pauline vient de t'annoncer que ton traitement ne se terminerait pas en juillet comme prévu, elle avait ajouté de la radiothérapie. Puis, elle était tout simplement partie, te laissant seul avec la nouvelle. La colère me remplit, mais l'urgence est ailleurs : je dois trouver les mots pour t'apaiser et te donner le courage de ne pas lâcher. Il fait beau, je t'emmène, avec ta perche, à l'entrée de l'hôpital, prendre un peu l'air et te remonter le moral. On n'a pas le droit de sortir, mais on s'en fout ! À peine installés, une infirmière arrive en courant, elle nous cherchait :

— *Dépêchez-vous, Florent doit passer une échographie cardiaque. La cardiologue vous attend* !

Tu t'effondres :

— *Ils ont découvert une nouvelle tumeur et ils ne veulent pas me le dire !*

Mon cœur bat à tout rompre, mais comme d'habitude, il va falloir prendre sur moi et te rassurer. Nous arrivons devant le bureau de la cardiologue.

Bien évidemment, nous attendrons bien ¾ d'heure avant qu'elle ne te prenne, heureusement qu'il fallait se dépêcher… Et puis la cardiologue va nous expliquer qu'il n'y a pas lieu de s'affoler, c'est un simple examen pour vérifier que ton cœur supportera bien la nouvelle chimio que Pauline a prévu de te prescrire.

Pendant l'examen, la colère n'en finit pas de monter en moi. Pauline ne peut pas continuer à te considérer seulement comme une maladie, je dois lui parler.

Nous la croisons dans le couloir du R2 en regagnant ta chambre :

— *Pauline, s'il vous plaît, j'ai besoin de vous parler !*

— *Cela tombe bien, moi aussi !*

Dès son entrée dans la chambre, je m'interroge si le moment est bien choisi. Je suis envahie par la colère et ne sais pas si j'arriverai à me maîtriser. Mais sans doute que si je laisse passer l'instant, je me raisonnerai et n'aurai plus le courage de l'affronter.

— *Pauline, pourquoi ne pas avoir attendu que je sois dans la chambre avec lui pour annoncer à Florent qu'il y avait une modification dans la durée de son traitement ? Votre annonce a fait l'effet d'une bombe. Comment avez-vous pu ne pas le voir ?*

— *Il ne m'a rien dit, j'ai considéré que tout allait bien !*

— *Florent ne vous dit jamais rien, vous devriez le savoir depuis le temps !*

— *Cela fait six mois que je suis Florent et je le connais.*

— *Non, Pauline, vous ne le connaissez pas, la preuve ! Et vous n'avez pas imaginé non plus que lui faire passer une échographie cardiaque en urgence allait lui faire croire que la maladie s'était propagée au cœur !*

— *Ah, je m'excuse pour l'échographie. Je l'ai demandée ce matin et j'ai oublié de te le dire.*

— *Pauline, Florent n'est pas qu'une maladie. Il réagit à tout ce que vous lui annoncez, vous ne pouvez pas continuer à ne pas prendre en compte ce qu'il ressent.*

Une conversation à couteaux tirés va s'engager. Aucune de nous deux ne veut lâcher et nous allons tout nous dire. Pauline finira par dire que cet entretien aura été constructif. Comme deux lionnes, chacune a défendu son territoire et montré ce qu'elle avait dans le ventre. Dorénavant, nous nous parlerons d'égale à égale.

La première maladie

Nous nous retrouvons tous les trois dans le hall de l'IHOP, comme anesthésiés.

Les filles sont toutes seules à la maison, nous pensions rentrer tôt… Je décide de rester avec toi pour les examens, papa rentre. Il faut prévenir la famille et les amis.

Tu me demandes pourquoi je ne t'avais pas prévenu de ce qu'on allait nous annoncer en venant ici. Depuis le début des investigations, j'avais un pressentiment et tu avais bien senti mon inquiétude. Quelques fois, tu y avais cédé aussi, mais comme toutes les mamans, je voulais te protéger. À quoi cela aurait-il servi que je te fasse faire du souci avant, et si je m'étais trompée ?

Lundi 20 décembre – jour de l'anniversaire de Clémentine –, nous nous présentons au CECOS, à l'HFME[2]. La veille au soir, j'étais passée dans ta chambre te remettre la brochure que m'avait donnée *Pauline*, je t'ai dit qu'on pouvait en parler si besoin. « *Ne t'inquiète pas, Maman, je gère !* ».

Comment expliquer ce que je ressens en arrivant dans ce service ? Un personnel d'une gentillesse émouvante, un médecin femme nous prend en charge et essaie de me réconforter. Elle prend le temps de nous parler, puis demande lequel de nous deux restera avec toi pour l'explication. Je demande à ce que ce soit papa. Je sors m'asseoir dans le couloir et les larmes coulent, sans pouvoir les arrêter. Puis tu sors

---

[2] Hôpital Femme Mère Enfant

du bureau et te diriges, comme un grand vers le cabinet de prélèvement. Un psychologue nous prend en charge, papa et moi. Je ne peux m'arrêter de pleurer, je lui explique que depuis l'annonce de la maladie, j'ai l'impression de ne plus rien maîtriser, de ne plus pouvoir décider de rien. J'ai l'image que l'on t'a mis dans un train, et que je n'ai d'autre choix que de monter ou de rester sur le quai.

À 10 h, nous arrivons à l'IHOP pour la première chimio. On pique ton PAC et t'explique que l'on va te passer du « bicar » pour protéger tes reins ; dès que le PH sera monté à 7, la chimio pourra commencer. En début d'après-midi, la chimio arrive et le traitement peut démarrer. Je suis assise en face de toi et ne peux me résoudre à ce qui va se passer dans ton corps. L'infirmière me regarde, sent mon chagrin :

— *Madame, êtes-vous prête ?*
Je détourne les yeux.
— *Oui, je suis prête,* les larmes coulent…

C'est fait, début du traitement le 20 décembre, jour de l'anniversaire de Clem. Une heure plus tard, les vomissements arrivaient déjà. Je te revois, penché au-dessus des toilettes, mal, tellement mal… Tu veux que je reste à côté de toi, à te regarder vomir. Il en sera de même pour toutes les autres chimios. Je t'aide à transporter ta perche jusqu'aux toilettes, je te tends les mouchoirs, t'essuies le front, tu es en sueur. Je suis spectatrice, impuissante.

Aucun anti-nauséeux ne fonctionnera jamais. Par la suite, tu demanderas à ce que l'on t'endorme avec de fortes doses d'Atarax pour que tu dormes un maximum. Tu ne peux plus rien avaler, refuses toute nourriture de l'hôpital.

Alors je glisserai à chaque fois dans la valise les choses que tu aimes : saucisson, cornichons, fromage, chips. Cette nourriture que je m'appliquerai à te servir à n'importe quelle heure du jour ou de la nuit.

Je dors à côté de toi, bondis lorsque l'alarme des perfusions sonne – tu ne le supportes pas – j'appelle l'infirmière pour qu'elle vienne mesurer tes urines. Et cela se répétera inlassablement. Je revois Céline, la pédiatre qui te suivait en alternance avec *Pauline*, entrer dans ta chambre. C'était la troisième chimio :

— *Florent, tu as perdu trois kilogrammes en à peine quinze jours, il faut que tu manges, car si tu perds trop de poids, tu seras trop faible pour l'opération. Si tu ne récupères pas, on te posera une sonde gastrique.*

Je la regarde, éberluée :

— *On est bien d'accord que c'est la chimio qui l'empêche de manger. Si vous lui laissiez un peu plus de temps entre deux chimios pour récupérer, il arriverait peut-être à manger un peu !*

Je suis en colère, toi aussi, tu ne veux pas qu'on te touche. Lorsque je suis allée récupérer les résultats de ta première analyse de sang au laboratoire, l'employée m'avait dit qu'en vingt ans de carrière, elle n'avait jamais vu un taux de transaminases aussi élevé ! Par la suite, les doses du traitement seront revues à la baisse, ton organisme réagissant trop violemment.

Mon séjour à la clinique St Vincent De Paul[3]

02/01/2014

Mon poussinet,

Les jours passent et j'ai toujours aussi mal. La psychologue me dit que je suis trop dure avec moi, que je ne dois pas culpabiliser de mon état et accepter d'en être là.

Je ne sais pas quoi faire de tout ce vide que tu as laissé en partant. Je me sens porteuse de ton drapeau et héritière de tout ce que tu aurais voulu pouvoir faire.

Aujourd'hui, c'est l'anniversaire de tatie Corinne et cela fait aussi un an que tonton Jacques est mort. Je me souviens de ce que tu m'avais dit en sortant de sa chambre d'hôpital :

— *J'ai trouvé qu'il allait bien.*

— *Florent, il ne peut pas aller bien, il va mourir d'ici quelques jours.*

Comme si tu voulais te persuader en même temps que toi aussi, tu allais bien… Jacques te confrontait à la terrible réalité du cancer et de la mort.

Les fêtes sont passées, cruelles. Pour le 31, papa m'a emmenée au cinéma, voir « Casse-tête chinois » de Klapish. Il a trouvé cela trop

[3] Clinique de soins spécialisée en psychiatrie

long, il n'a pas arrêté de gesticuler sur son siège. Moi, j'ai senti ta présence tout au long de la séance : le film se déroulait à New York et à Barcelone, dans les jardins de Gaudi…

Lorsque les copains t'ont offert ce voyage pour ton anniversaire, tu nous as dit :

— Il faut que ce soit un voyage extraordinaire, quelque chose qu'on n'aurait jamais pu faire tous ensemble !

Je revois cette après-midi d'août, nous étions seuls à la maison, papa était parti chercher Clem chez grand-père et grand-mère et Margaux était en vacances avec Nathalie. Tous les copains étaient là. Comme d'habitude, ils avaient prévu le ravitaillement… Comme d'habitude aussi, tu étais assis parmi eux, mais ne participais pas. Et puis, Estelle a pris la parole, s'est adressée à toi, t'a tendu une gigantesque carte d'anniversaire et a dit :

— Voici ton cadeau d'anniversaire, de la part de nous tous. C'est une somme déposée à l'Agence de voyages de Genas. Tous ceux que tu connais ont participé et même des gens qui ne te connaissent pas ont voulu se joindre. Tu verras, c'est une très grosse somme ! On souhaite que tu partes en voyage avec tes parents et tes sœurs et que vous profitiez d'être ensemble.

Tu reçois ce cadeau et ne dis rien. Moi, à côté, je m'effondre dans les bras de Jessica. Les copains attendent une réaction de ta part, il n'y en aura aucune. Partir en voyage alors que tu vas mourir… quoi de plus insolite ? Voyant que tu es submergé par l'émotion, c'est moi qui vais les remercier en leur disant qu'ils sont extraordinaires et que je les remercie de leur présence à tes côtés tout au long de ces trois années.

Mais la pensée de ce voyage te permettra de dire à la mort : « *Non, pas encore, j'ai des projets à mener à terme avant de partir…* ». Et dans l'immédiat, il y avait Barcelone…

Barcelone

Barcelone, c'est le cadeau que tu as choisi d'offrir à Jessica, pour ses 18 ans. Un cadeau pour la remercier, un cadeau d'adieu, pour partager un moment unique et fabriquer des souvenirs.

Une semaine avant le départ, ton œdème au cerveau se manifeste. Depuis le retour des vacances d'été, ton état s'aggrave, mais tout le monde s'évertue à ne pas vouloir le voir, sauf moi…

Un matin, une semaine avant le départ pour Barcelone, tu te réveilles avec des maux de tête insupportables.

Comme d'habitude, j'ai tenté toutes les « stratégies médicamenteuses », rien ne fonctionne et je me retrouve seule face à toi, hurlant de douleur. J'appelle Christèle, à l'IHOP[4], lui explique la situation et lui demande ce que je dois faire :

— *Vous pouvez venir ?*

— *Je ne sais pas, je vais tenter de le descendre de la chambre et le mener jusqu'à la voiture, j'arrive, mais je ne sais pas dans combien de temps…*

Tu pleures, tu sais que j'ai raison, qu'il faut aller à l'hôpital de jour, mais c'est plus fort que toi, tu ne veux pas y aller. Tant bien que mal, nous arrivons à l'hôpital. Anna vient t'examiner puis je croise Pauline dans le couloir. Elle, qui disait jusqu'à présent : « *qu'il n'y avait aucun souci pour Barcelone !* » se ravise :

---

[4] Institut d'Hématologie et d'Oncologie Pédiatrique

— En une semaine, la situation a trop évolué, je ne peux pas le laisser partir à Barcelone !

— Oui, Pauline, je ne suis pas médecin, mais je vois bien, au quotidien, combien la maladie évolue vite et je trouvais aberrant que vous le laissiez partir sans précaution particulière ! Mais je connais trop Florent pour vous dire que Barcelone, il partira, avec ou sans votre consentement. Ce voyage a trop de signification et ce sera sans doute le dernier qu'il fera…

Lundi 16 septembre 2013, 6 h 45, nous sommes en route pour l'aéroport de St Exupéry.

Christine nous accompagne (elle travaille à l'aéroport et nous facilitera l'accès), la maman de Jess et Papa. Papa qu'il a fallu convaincre.

Sous prétexte d'arriver en retard au lycée, il voulait se soustraire à l'image de te voir partir, sans savoir si l'on te reverrait. Ce voyage était risqué, Pauline et Maxime nous l'avaient bien fait comprendre, mais moi je savais que tu le ferais et qu'après, tout s'arrêterait… L'équipe médicale est fébrile et moi, pour une fois, j'ai confiance, rien ne pouvait s'opposer à ta détermination.

Tu m'appelles dès ton arrivée, je sens ton bonheur dans ta voix et je me mets à penser que le temps va se suspendre. Trois jours à arpenter Barcelone, à toute vitesse et à faire le plein d'images. Jess me confiera plus tard qu'elle avait passé de mauvaises nuits, craignant qu'il ne se passe quelque chose pendant ton sommeil. Quelle responsabilité pour elle ! Mais je pense aussi qu'avec toi, elle serait allée au bout du monde !

Retour le 19 septembre à 23 h. Quelle victoire ! Nous sommes tous émus de vous retrouver. Mais je prends conscience, ce soir-là, qu'il ne reste plus beaucoup de temps. Ton corps est courbé par les tumeurs qui poussent un peu partout, ton visage est pâle et enflé, tu as tout donné, le compte à rebours a commencé…

La fin…

Vendredi après-midi, quinze jours avant ton départ, nous sommes à l'IHOP pour ton Velbé[5]. Cette chimio que tu ne veux pas lâcher, sachant qu'elle n'a aucun effet.

Ma colère à ce sujet ne tarit pas. Tu ne vas pas bien, tes maux de tête sont permanents, mais tu ne veux rien dire. Le côté gauche commence à se paralyser, tu es fatigué. Nous sommes dans la chambre tout au fond de l'hôpital de jour. Ton cousin Jérémy est venu te tenir la main. Tu lui dis que tu ne veux pas qu'il te voie dans cet état… mais il reste auprès de toi. Je sors de la chambre, « respirer » un peu et m'assois dans les fauteuils de l'accueil.

Pauline me voit, vient s'asseoir, Anna nous rejoint. Et elle dit :

— *Il faut vous préparer, ce qui va arriver maintenant sera violent, très violent, pour vous comme pour lui. Je pense qu'il ne supportera pas. Je pense qu'il est temps qu'il accepte la pompe à morphine, essayez de le convaincre en ce sens.*

Papa arrive, elle a pris l'habitude de me parler seule, mais je tiens à ce qu'il entende la même chose que moi.

Je m'effondre, la tête me tourne : « *À quoi doit-on s'attendre ? Cela signifie-t-il qu'il ne reste plus beaucoup de temps, combien, dites-le nous, dites-le-nous…* ».

---

[5] Nom de la chimiothérapie

Comme d'habitude, les paroles de Pauline seront vagues. Florent va se paralyser, vraisemblablement devenir incontinent, « *il ne supportera pas* », me répète-t-elle plusieurs fois. Et nous, comment allons-nous faire pour supporter ? Je refuse de te parler de la pompe à morphine, je lui fais comprendre que c'est son travail de médecin.

— Vous avez raison. Mais sachez que si je n'y arrive pas, j'ai décidé de ne plus augmenter ses patchs. Il arrivera un moment où il n'aura pas d'autres solutions. Ça va être dur pour vous, mais je vais le laisser avoir mal pour qu'il cède.

Ces paroles me laissent sans voix, c'est inhumain…

Ce soir-là, elle n'arrivera pas à te convaincre. Tu as néanmoins fini par accepter le Manitol[6] pour soulager ta tête. C'est elle qui poussera ton fauteuil roulant pour te raccompagner à la porte de l'hôpital. Papa et moi avons – pour une fois ! – compris la même chose : ce geste affectif est sa façon de te dire au revoir.

Après la conversation avec Pauline, nous nous retrouvons dans le couloir papa et moi. Les larmes coulent sur nos joues. On aurait besoin de plus d'informations, mais on sait qu'on ne nous les donnera pas. On va nous laisser seuls face à ce destin. J'envoie un SMS à tatie Corinne et tatie Nathalie, qu'à elles deux. Combien de temps te restait-il à vivre, y avait-il urgence à prévenir la famille et les amis ?

Les paroles de Pauline tournent en boucle dans ma tête, que devais-je comprendre ? Comme d'habitude avec Pauline et avec les équipes médicales en général, il faut savoir lire entre les lignes et parfois « provoquer » les réponses. Peut-être pensent-ils que nous ne sommes pas prêts ou aptes à comprendre…

---

[6] Traitement par perfusion destiné à réduire l'œdème

Mais je pense aussi que la situation est très dure pour Pauline et qu'elle ne parvient pas à dire la vérité, sans doute pour nous épargner quelque temps encore de ce qui va inévitablement arriver.

En accord avec Corinne et Nathalie, je décide de laisser passer une semaine.

Je vois ma psychiatre, parle avec elle de la conversation avec Pauline.

— *Elle a voulu vous faire comprendre qu'il était temps de dire au revoir à Florent et lui « donner l'autorisation » de partir...*

Je décide de prendre rendez-vous avec Pauline pour en avoir le cœur net. Le jeudi, 14 h, me voici dans son bureau, avec Anna :

— *Pauline, j'ai besoin que vous me décodiez notre conversation de vendredi. Si vraiment, l'on se trouve au bout du parcours, il faut me le dire clairement. On ne démarre pas les rayons dans la bouche lundi, on arrête le Velbé qui n'a plus de sens. On arrête tous les traitements autres que les antidouleurs et on nous laisse tranquilles. Je garde Florent à la maison et m'en occuperai seule jusqu'au bout.*

— *Je n'arrêterai pas le Velbé tant que Florent ne me le demandera pas lui-même. Il en a besoin psychologiquement.*

— *Non, Pauline, psychologiquement, il a besoin de vous voir vous. Le fait d'avoir ce rendez-vous tous les vendredis à l'IHOP lui donne un objectif « d'être encore en vie jusqu'à »... L'aide, vous pouvez lui apporter autrement !*

Alors apparaît ce que je vais ressentir comme un chantage :

— *Si l'on arrête le Velbé, je n'ai plus les moyens de justifier l'HAD. Et je sais que vous ne pourrez pas gérer les derniers jours de vie de Florent toute seule, je ne vous laisserai pas faire, ce sera trop dur pour vous !*

Comme d'habitude, j'ai tenu tête, et comme d'habitude, j'ai dû céder…

La semaine qui suivra verra ta dégradation s'accélérer. Finalement, je n'ai pas pu te soustraire aux rayons dans la bouche et le lundi matin, je sollicite l'aide de Catherine pour m'accompagner à la séance.

Dans la nuit, tu étais tombé deux fois dans la chambre de Clem. Ta sœur a finalement rejoint papa et j'ai pris sa place dans son lit :

— *Maman, est-ce que je vais me paralyser ?*
— *Oui, je crois…*
— *Tu crois, ou t'en es sûre ?*
— *J'en suis sûre…*

Les larmes roulent sur mes joues, c'est atroce… Pourquoi est-ce toujours moi qui dois t'annoncer le pire ?

Comme promis, Anna me retrouve au service de radiothérapie ce lundi matin. Elle vient prendre de tes nouvelles. Je fais le point avec elle sur le week-end et la supplie de te parler, de te dire tout ce à quoi tu dois t'attendre dans les prochains jours, comment la maladie va te dévorer, t'achever. Elle est embarrassée : « *Je vais en parler avec l'équipe, je vous appelle d'ici cinq minutes* ».

Elle nous demandera finalement de la rejoindre dans le bureau avec Maxime. Nous voici installés tous les trois, avec Catherine. Je relate notre week-end et demande à Maxime de te dire la vérité ; il n'en aura pas le courage. Je te laisse seul en tête à tête avec lui et Anna. Il t'expliquera finalement qu'un nerf de ta jambe est compressé par une tumeur. Paralysé ? Pas vraiment…

Je fulmine, tu sors rassuré et moi, j'ai juste envie de hurler !

Je réclame un fauteuil roulant, seule ne je peux plus t'amener à l'IHOP. Il nous sera livré le soir même. Tu t'assois sur ton orgueil. Une nouvelle étape, le handicap.

Le lendemain, c'est Nathalie qui nous accompagnera. Tu ne peux maintenant plus marcher. Je demande le lit médicalisé, tu ne peux plus monter les escaliers. Autre étape, violente.

À partir de ce jour-là, c'est la descente aux enfers : souffrances, humiliation, ta vie en est réduite à cela. Tu n'en peux plus, tu refuseras d'aller à la dernière séance de rayons. Je nous revois en « bilan de séances » avec le Dr LC, qui surveille si tu supportes bien les rayons. Qu'est-ce que cela peut faire ? Elle te dit que, vraisemblablement, la barbe ne repoussera pas sur la joue irradiée… Je ne sais plus si je dois rire ou pleurer, docteur, est-ce que vous vous rendez-compte de ce que vous êtes en train de dire ?

Le week-end verra le défilé des cousins, de la famille et des quelques copains qui arriveront encore à dépasser leur chagrin. Je revois Joris et Alexandre, tapis au fond de la salle à manger, n'osant pas s'approcher de toi. Oui, ton corps leur fait peur.

Prévenus par Corinne de la fin proche, tatie Mercédès et tonton Poli se proposent de m'aider la journée. Je suis seule à la maison et la lourdeur de tes handicaps ne me permet plus de m'occuper de toi toute seule.

Ton organisme commence à se bloquer, tu as envie d'uriner toutes les cinq minutes, exige que je te mette sur la chaise-pot, mais je me bloque rapidement le dos en voulant te lever. L'équipe médicale refuse de te mettre une sonde :

— *Florent ne veut pas !*
— *Oui, mais moi, je fais comment ?*

Je ne sais pas, on pense que je suis une « wonder-woman », non, je suis juste une maman toute simple qui ne peut plus gérer, mais personne ne veut m'entendre.

Le mardi matin, je décide de rencontrer l'équipe médicale. Je ne peux plus te garder à la maison, physiquement, c'est impossible. Tonton et Tatie ont 80 et 70 ans passés, ce n'est plus de leur âge non plus… Je rends les armes et m'avoue vaincue. Je viens leur demander de l'aide, ils ne me la donneront pas. :

— Prenez le temps de réfléchir et d'en parler avec votre mari. Si Florent rentre à l'hôpital maintenant, il n'en sortira plus jamais. Ce n'est pas ce qu'il veut, il veut rester chez lui.

Oui, mais moi, je suis au bout de ce que je peux supporter.

Finalement, Anna et Véronique se déplaceront à la maison l'après-midi même. Sans doute pour évaluer le temps qu'il reste à tenir, je ne sais plus. Elles sont venues me persuader de l'effort ultime que je dois fournir.

Je baisse les bras, je suis fatiguée de me battre, elles ne me laissent pas le choix. Je veux que ça s'arrête…

Elles finiront par te faire accepter la pompe à morphine. Je pense que tu as envie toi aussi que tout s'arrête, sans doute plus devant ma souffrance que devant la tienne.

Ce mardi soir, tu as encore tenu à dîner à table, de la semoule et du poisson. Cet appétit qui te caractérisait depuis déjà tout petit.

Ta vessie finit par lâcher, malgré la couche, tu es trempé jusqu'en haut du dos. Papa t'installe sur le canapé, je prépare le nécessaire pour te changer. Tu plaisantes, en me disant :

— *Décidément, je régresse ! Je me retrouve comme à l'HFME !*

Je te réponds :

— *Je pense que toi et moi, on a dépassé la honte depuis longtemps !*

Je souris. Oui ! Notre binôme aura fonctionné jusqu'à la fin… J'aurais aimé n'avoir été qu'une maman, malheureusement, j'aurais aussi été une infirmière, une aide-soignante, un défouloir, une empêcheuse de tourner en rond, une « exagératrice » (m'man, t'exagères toujours tout…), mais aussi et surtout, une irréductible fan de toi…

Je te fais tout propre, t'enfile un tee-shirt de foot. Papa t'installe dans ton lit. Tu ne souhaites pas regarder la télé. Bisous. Je t'aime. Tu appelles si besoin. À demain…

Ce sont les derniers mots que nous échangerons. Le lendemain matin, je te trouverai inconscient et tu partiras à midi, sans que je te tienne la main, comme je te l'avais promis. J'étais là, tout près, derrière le paravent, mais je ne t'ai pas tenu la main pour te rassurer au moment du passage. Quand je suis venue te caresser la main, je ne t'ai plus entendu respirer :

— *Tonton ! Tonton ! Florent ne respire plus !*

Tonton Poli s'est approché, a posé son oreille sur ton cœur, s'est tourné vers moi et s'est mis à pleurer. C'en était fini de ce satané combat. La mort en face, ton corps sans vie. Je prends tes mains, n'arrive plus à les lâcher, te parle. Quel courage ! Tu es parti comme un grand, tout doucement pour ne pas nous faire de mal. Maxime dira plus tard que c'est toi qui as choisi le moment. Papa au lycée (il ne voulait pas être présent quand tu partirais), les filles au collège et moi, tu ne voulais pas que je te voie partir.

Jusqu'au bout, tu auras voulu nous épargner et tu nous auras montré ta force. C'en est bien fini de tes souffrances, de cet insoutenable cauchemar.

J'appelle Maxime : « *Florent ne respire plus !* ». Il hésite à venir, préférant que je prévienne un médecin. Non, Maxime, je veux que ce soit vous qui veniez. Il arrivera accompagné d'Anna, te dira quelques mots, certainement sa façon de te dire au revoir. Tu l'auras marqué par ton sacré caractère !

J'appelle Papa, il va récupérer les filles. Puis Nathalie, Corinne. Puis Jess, je tiens à lui annoncer moi-même. Puis un message à tous les proches.

Tu es parti le jour de l'anniversaire de Géraldine, le jour où tu avais prévu aussi d'aller voir Mamie Amélie au cimetière.

La maison se remplit, les copains sont effondrés. Chacun te dépose un objet, te parle. Tous resteront jusqu'à ton départ aux Pompes funèbres. Le pacte des frères : jusqu'au bout avec toi.

La séparation

Ce samedi 12 octobre, nous sommes tous réunis au funérarium de Bron. La salle est pleine et ne peut contenir tous ceux venus te dire au revoir. Mais ils sont tous là.

La chanson « *Si* » de Zaz démarre :

Si j'étais l'amie du Bon Dieu,
Si je connaissais les prières,
Si j'avais le sang bleu,
Le don d'effacer, tout refaire,
Si j'étais reine ou magicienne,
Princesse, fée, grand capitaine,
D'un noble régiment,
Si j'avais les pas d'un géant...

Tes copains entrent dans la salle, portant ton cercueil, tous habillés de noir, beaux comme des dieux ! La salle retient son souffle, je me rue dans leurs bras. Comme c'est bon de les serrer !

J'essaie d'entrer dans ma mémoire la trace de cette étreinte que je ne pourrai plus jamais ressentir.

Je lis la lettre que tu m'avais confiée, écrite une quinzaine de jours avant l'annonce de cette fin prochaine. Les discours s'enchaînent, remplis d'amour. Puis ton départ vers la crémation, je ne réalise pas. Ça y est, tu n'es plus là.

DEPUIS LA CLINIQUE ST VINCENT DE PAUL…

14/01/2014

31 mars 2011 : date de ta première opération.

Quelques jours auparavant – à notre demande –, nous avions rencontré le Dr M., pour qu'il nous explique un peu comment il avait prévu d'opérer :

— *Il aviserait, en fonction de ce qu'il découvrirait…*

Lui si sûr de lui à chaque consultation, on le sent fuyant, évasif, inquiet. Tu ne manqueras d'ailleurs pas de me le faire remarquer : « *Le Dr M. n'a rien dit, n'a pas plaisanté, c'est mauvais signe !* ».

Le 30 au soir, à 17 h, nous voici à Neuro, U500, 5e étage. Je tire la valise. Dedans, un tee-shirt que tu porteras en « porte-bonheur » sur lequel tatie Corinne, tonton Alain et tes trois cousins ont écrit un message d'encouragement et d'amour.

J'ai prévu de rester avec toi cette nuit et les autres.

Nous sommes accueillis par Patricia, une infirmière qui a oublié d'être sympathique et à qui l'on ne parviendra pas à arracher un sourire.

Forcément, on ne nous a rien expliqué.

NON, cette chambre n'est pas celle où tu séjourneras. Après l'intervention, tu seras pris en charge par le service de réanimation de l'HFME.

NON, je ne pourrai pas rester dormir avec toi.

NON, on ne sait pas combien de temps tu resteras en réanimation.

NON, il n'est pas certain que l'on puisse voir le Dr M. ce soir.

…

Toutes les réponses nous agressent. Nous sommes à fleur de peau et l'on ne nous apporte aucun réconfort.

Je décide de descendre dans le parc, il fait beau, on ne sait jamais, ça peut peut-être nous faire du bien…

Catherine m'appelle, elle est venue nous encourager. Surprise ! Arrivés en bas, les copains sont là. Viviane aussi. Ils vont faire les pitres pendant deux heures. Tu as du mal à sourire, tu ne sais pas si demain tu seras encore là… En attendant, quelle preuve d'amitié !

Nous remontons dans la chambre, il est 19 h 30. Le Dr M. était passé te voir. J'avais demandé à l'infirmière qu'elle m'appelle sur mon portable quand le docteur passerait :

— *Que croyez-vous ? Je n'ai pas que cela à faire ! Tant pis, de toutes les façons, ils se verront demain !*

Quel humour ! Je n'ai pas envie de rire. Je lui réponds que pour toi, c'était important, mais qu'après tout, nous n'en étions plus là…

Tu avais prévu, le soir, que l'on se fasse un gros câlin. J'avais amené pour mon lit une couette et des draps « qui sentent bon ». Sur le tien, tout est aseptisé.

Tu viens te blottir contre moi, sous ces draps qui rappellent la maison.

Tu avais sélectionné un film d'humour, on en a besoin ! Quelques bonbons Schtroumpfs pour calmer l'angoisse. Et l'on se parle. Des copains, de la vie, de ce qui va se jouer demain. « *Quoi qu'il arrive, promets-moi de te battre. Papa et moi, nous serons là à ton réveil.* ».

Et ce fut le début du calvaire…

Pendant ces 9 h d'opération, ta vie s'était jouée. Et finalement, si tout s'était arrêté ce jour-là. Souvent, j'y repense. Pourquoi la vie avait-elle décidé de te donner ta chance si c'était pour te laisser vivre ce calvaire ? Je ne trouve pas les mots pour décrire ces heures d'attente.

Tonton Poli était arrivé à 8 h le matin, avec de quoi nourrir l'étage entier de croissants… Puis tatie Corinne, puis Fathia. « *Ne restez pas dans l'hôpital*, m'avait dit une infirmière, *ce sera trop insupportable pour vous. Sortez faire un tour.* ».

Personne ne viendra nous donner des nouvelles durant toutes ces heures. Seule Muriel, une amie qui travaille avec le Dr M., arrivera à nous donner « quelques fuites » : *il est allé chercher son appareil-photo ; il a appelé le Dr F., de l'IHOP, ils ont prévu 8 h d'opération…*

Puis, tout à coup, « *M. a repris ses consultations, l'opération doit être terminée !* ».

Il est 15 h 30. Comment ? Il ne va pas passer nous dire comment ça s'est passé. Papa et moi décidons de descendre à l'étage des consultations et attendons qu'il sorte de son bureau.

Il nous aperçoit, vient vers nous :

— *Il va bien ! Tout s'est bien passé. Bon, j'ai pris un risque de couper une artère, ça passait ou ça cassait, mais c'est passé ! Oui, vous pouvez descendre le voir en salle de réveil, il va être transféré à l'HFME.*

Comment le docteur avait-il pu ne pas venir immédiatement nous donner des nouvelles ? Les médecins ne sont-ils plus des parents lorsqu'ils opèrent ? N'imaginent-ils pas l'angoisse que nous vivons ?

Nous remontons. Je tombe dans les bras de tatie Corinne. « *Oui, il a réussi à enlever toute la tumeur. Elle était grosse comme une orange. Il a dû nettoyer tous les petits vaisseaux, la tumeur était "fractionnée" un peu partout. Mais il en est certain, il ne reste plus rien.* ». Tu auras quand même perdu, au passage, une partie de ton oreille…

Des larmes, beaucoup de larmes, de te savoir en vie. Et de la fierté pour ton courage nous descendons en salle de réveil.

Ton visage est tuméfié, enflé, ta tête enroulée dans d'énormes bandages, et tu as mal… Mais je te dis que tu es un champion du monde, que tu es mon Zizou et que tu peux être fier de toi.

Après un jour en réanimation, tu réintégreras Neuro et le service de soins intensifs. Tu souffres, énormément, et commencent mes premières colères. Non, le doliprane ne suffit pas à te soulager, pourquoi ne t'a-t-on pas laissé sous morphine ? Déjà, je viens mettre mon grain de sel, me mêler de ce qui ne me regarde pas… Mais tu vas serrer les dents. C'est toi qui vaincras, tu le sais. Occulter la douleur pour ne plus la ressentir. Deux jours après, tu viendras à la rencontre de tes sœurs, ne tenant pas debout et soutenu par papa, le visage défiguré. Elles vont dépasser leur émotion et vous allez vous tomber dans les bras tous les trois.

Tatie Corinne est là, aussi, avec Géraldine et Justine, nous nous tombons tous dans les bras. Quelle leçon !

Pendant ce séjour à Neuro, tu vas devoir t'asseoir sur ton orgueil. Être assisté par des infirmières pour te lever, pour te laver, pour aller aux toilettes. Mais tu vas dépasser. Et ta complicité avec le Dr M. va énormément t'aider. Il te comprend et ça, c'est inédit ! Un médecin qui aura saisi ta sensibilité, ta douleur, qui plaisante avec toi, te parle de ta petite amie, de foot, regarde les matchs avec toi. Avec lui seul tu parleras… Lui seul parviendra à te raisonner.

Tu relèves à peine la tête que l'on te réclame déjà à cor et à cri à l'IHOP.

Et oui, « *on a pris du retard sur le planning des chimios, ça n'est pas possible, tout le protocole est bousculé !* ». Mais je m'en fous du protocole ! Florent vient de passer quinze jours d'enfer. Il est vivant ! Il veut rentrer le week-end à la maison et il rentrera. Alors, va commencer une guerre qui ne cessera jamais. Pour tenir tête à Pauline et à Céline, je sollicite l'aide de Farida, la cadre infirmière. Elle est touchée par ton courage et elle va négocier pour nous…

Malgré toutes les complications que tu vivras, liées à cette intervention du crâne et les souffrances engendrées, Neuro ne restera pas pour moi le pire souvenir. Là-bas, l'équipe aura essayé de te comprendre et parfois de lâcher le juste lest nécessaire à ta survivance.

Là-bas, on nous aura vus nous disputer, rire, nous tomber dans les bras et arpenter les couloirs de long en large… Mais toujours avec cette lueur d'espoir qu'un jour, on en tournerait la page.

Les veilles de chimio te mettaient dans des états d'angoisse énormes.

Depuis le début, tu suivais en parallèle un traitement homéopathique, destiné à « ralentir » les effets secondaires et agir sur tes angoisses. Le Dr A., homéopathe, aura joué un rôle prépondérant dans ta maladie ; chez elle, tu déposais tout ton chagrin et elle t'aura aidé à accepter tout ce que le protocole de la maladie t'imposait.

C'est ce que je confierai à Maxime, quelques jours après ton départ. Venir à l'IHOP était pour toi un supplice. Tu te mettais à pleurer le matin au réveil et te faire sortir de la maison pour monter dans la voiture relevait du défi.

Et je me revois aussi devant l'ascenseur pour monter au R2. Nous prenions chacun une grande respiration. C'était parti pour une semaine d'horreur. Tu savais que tu allais vomir tes tripes, que tu allais souffrir de cet enfermement et si, par-dessus tout, tu avais tiré le ticket de la chambre double, c'en était fini ! Et bingo, chambre double ! Alors tu me plantais dans le couloir, avec mes deux valises, ton oreiller, le ravitaillement en nourriture, l'ordinateur… Et tu reprenais le chemin de l'ascenseur en me disant que tu n'en sortirais pas tant que l'on ne t'aurait pas donné une chambre seule. Et je partais à la guerre, ouvrir les négociations. En vain.

Qu'en avait-on à faire d'un gamin de quinze ans qui faisait un caprice pour être en chambre seule ? On n'est pas à l'hôtel ici. Merci ! On s'en était rendu compte…

De ces nombreuses fois où tu auras partagé la chambre d'un autre enfant malade, tu sortiras à chaque fois un peu plus rongé. Pourquoi ne comprennent-ils pas qu'à 15 ans, on n'a pas envie d'uriner devant son voisin, qu'on ne veut pas qu'on nous voie sans cheveux, qu'on veut pouvoir vomir sans se cacher, qu'on veut qu'on respecte son intimité ? Alors tu t'enfermeras dans ta bulle qui te coupera chaque fois un peu plus du monde. Le garçon qui partageait ta chambre, comment s'appelait-il, quel âge avait-il ? « *Je ne sais pas, je ne l'ai pas regardé* ! ». Et c'était vrai.

Et pourtant, inlassablement, on va t'obliger à entrer dans ce protocole. Tu ne veux pas être à l'hôpital le week-end ? Tu n'auras pas le choix.

Tu n'élimines pas assez vite la chimio et tu n'auras peut-être pas la possibilité de rentrer chez toi entre deux chimios ? Tu n'auras pas le choix.

Non, on ne t'aura jamais demandé ton avis, sauf au moment où il ne fallait plus. …

Le lendemain matin de l'annonce de l'arrêt de tous les traitements, je croise Pauline, alors que Clem est en consultation avec Anaïs. Je m'effondre dans ses bras, je pense que mon geste la surprend. L'après-midi, il est prévu qu'elle te voie : que doit-elle te proposer pour ta fin de vie ?

« *Pas d'acharnement, pas de prolongation* ».

Mais je sens qu'elle ne lâchera rien, jusqu'au bout.

L'après-midi, nous voici réunis à nouveau dans ce petit bureau où l'on nous aura annoncé tant d'horreurs. Elle te parle d'un traitement oral, qui pourra permettre de te prolonger un peu et d'une chimio, 1 fois/semaine, le fameux Velbé. Et te donne l'espoir que d'ici quelques mois ou années, la recherche aura peut-être trouvé le médicament miracle qui te guérira… Et tu vas t'accrocher à ses paroles. Après tout, s'il y avait le moindre espoir !

La chimio, je ne suis pas d'accord, mais je sens que tu te lances encore à corps perdu dans la bataille. Tu demanderas à la commencer dès le lendemain. Ne jamais lâcher, jamais, jamais…

Mais au fil des semaines, la maladie continuera sa vie. T'achever, tel est son but et elle gagnera. Je vois les tumeurs apparaître un peu partout, de jour en jour, et avec elles la douleur. Mais tu serres les dents. Si tu avoues ta douleur, ils t'hospitaliseront, alors c'est à moi que tu vas la crier.

À chaque rendez-vous de fin de semaine avec Pauline, tu diras « *que ça va* » et elle te croira, ou fera semblant de te croire. J'aurais beau lui dire que tu souffres, tant que cela ne sortira pas de ta bouche, elle n'en tiendra pas compte. Alors je baisse les bras et m'arme de courage.

Vacances 2013

Depuis l'annonce de la récidive, papa et moi n'avons cessé de demander à Pauline s'il fallait annuler nos projets de vacances. L'expérience de la première maladie nous fait dire que ce deuxième combat sera compliqué :

— *Non, surtout, ne changez rien ! Si tout cela se passe comme prévu, fin juillet, il aura terminé ses traitements.*

C'était sans compter sur l'ennemie qui avait décidé de ne te laisser aucun répit.

Cette veille du départ en vacances, nous faisons étape chez Tatie Mercédès à Dieulefit. Tu souffres déjà de forts maux de tête, mais tu penses que le lendemain, ce sera passé. Et bien sûr, le lendemain matin, c'est pire et tu n'es pas en état de voyager. Papa part donc seul avec Clem et sa copine Laura, Margaux devant nous rejoindre le dimanche par le train avec sa copine Salomé.

Nous les rejoindrons finalement le lendemain par le train. Après une journée passée à te donner tous les médicaments possibles pour que tu tiennes debout. Ces vacances, tu y tiens trop !

Il est prévu que Jess nous rejoigne et que vous passiez trois jours avec ton cousin Benjamin.

La première semaine, tu ne pourras pas te lever de ton lit, assailli par des maux de tête insupportables. Je jongle avec la morphine, le doliprane… et mon amour. Te voir dans cet état m'enlève toute envie de continuer le combat et j'en veux à Pauline de nous avoir fait entrevoir que tout pourrait bien se passer.

Elle finira, à ma grande surprise d'ailleurs, par m'appeler le vendredi pour prendre de tes nouvelles avant de partir en vacances elle aussi.

Je vais me lâcher :

— *Il faut que ça s'arrête Pauline, ce n'est plus supportable !*

— *Lui n'a pas envie que ça s'arrête et c'est à lui de décider. D'ailleurs, je lui ai pris rendez-vous avec le médecin responsable des essais thérapeutiques chez les adultes. Florent aura 18 ans le 10 août, vous êtes attendus le 12. Il pourra peut-être l'intégrer à un protocole d'essai.*

— *Non, Pauline, je ne suis pas d'accord, on avait dit qu'on ne prolongeait pas sa vie*

— *C'est à lui de décider, pas à vous.*

Elle me demandera si j'ai emporté de la cortisone dans mes bagages. « *Bien sûr ! J'ai emmené toute ma pharmacie...* ». Prescription par téléphone, je vais gérer, bien sûr…

Résultat, tu finiras aux urgences de l'hôpital de Béziers la veille de notre retour à la maison. On se disputera à ton arrivée, jusqu'à ta sortie. Mais je ferai aussi là-bas une jolie rencontre avec le médecin femme urgentiste qui prendra le temps de me parler, de me déculpabiliser et de me donner quelques minutes d'humanité. Quelles jolies vacances…

Depuis la clinique St Vincent de Paul…

25/11/2013

Mon Poussinet,

Aujourd'hui, j'ai envie de te parler. Tu te souviens, je t'avais dit qu'il y aurait une partie en moi qui te serait réservée, un endroit que seuls toi et moi connaîtrions et qui nous servirait à communiquer.

Que fais-tu là-haut ?

Hier après-midi je le sais, tu m'as envoyé un rayon de soleil pour me donner du courage… Tu dois me voir au milieu de toutes ces mamies maboules et tu dois me dire : « *je savais bien que t'étais une mamie* ».

Tes taquineries me manquent, tes « *Mam* », tes « *t'exagères toujours !* » plein d'autres choses me manquent aussi…

Cet après-midi j'ai dû faire quatre tours de parc et j'ai pleuré, pleuré.

Je me suis laissée aller à ce chagrin de t'avoir perdu. Je pense à toi, réduit à cendres au fond de cette tombe. Mais je sais aussi que tu as décidé du moment où il fallait partir, où tu as laissé la maladie savourer sa victoire. La saleté de maladie ! Elle avait trouvé en toi de quoi assouvir sa faim et sa férocité. J'avais tellement peur qu'elle continue à te dévorer une fois mort que j'ai voulu la détruire par le feu. Cela a troublé quelques personnes, mais pour moi, c'était une évidence.

Depuis jeudi dernier, je suis donc hospitalisée et coupée du monde. Les filles me manquent, mais je me rends compte que je n'avais plus la force d'affronter l'extérieur.

Toutes ces personnes qui me parlent de toi et qui ne savent pas comment faire pour m'aider.

Mais malgré toute leur bonne volonté, personne ne peut partager ma douleur. C'est à moi de m'en sortir, avec l'aide des médecins et faire preuve du même courage que toi.

Comme m'a dit Christine, la psychologue : « *Pourquoi mettez-vous la barre si haut ?* ».

Pour moi, sans doute, cela devrait apparaître plus facile, je suis en vie et pourtant… Que faire de cette vie sans toi ? Est-ce mon destin de voir disparaître tous ceux que j'aime le plus au monde, sans ne pouvoir rien faire ?

Je n'ai pas touché aux affaires dans ta chambre. Chaque vêtement me rappelle un moment. Ce short blanc acheté sur le marché de Valras, avec papa. Ces tee-shirts achetés ensemble dans une boutique de la ville, notamment le bleu roi que tu avais voulu comme celui de Joris.

Je te revois dans ce marché, tenant à peine debout et ayant besoin de t'asseoir souvent. Mais tu es venu pour faire plaisir à Jess et que n'aurais-tu pas fait pour nous faire plaisir ! Et nous ? Que pouvions-nous bien faire pour toi ? Surtout, ne pas parler de ce qui allait bientôt arriver, tout en sachant que c'était omniprésent dans notre tête. Mais tu nous as montré le chemin. Tu savais que c'étaient les dernières vacances en famille, la maladie ne s'est pas gênée de nous le rappeler ! Tu ne demandais qu'à profiter de chaque seconde, mais telle une teigne, la maladie se « saoulait » de toi. Et tu lui tenais tête quand même. C'était ta devise : ne jamais lâcher.

Je me souviens de ce mardi après-midi, une semaine avant que tu ne nous quittes. Je suis venue dans ta chambre, tu jouais à la Play.

Je suis venue te dire que tu avais le droit de lâcher, que tu t'étais battu comme aucun de nous n'aurait pu le faire et que je te laissais partir…

J'avais des larmes plein les yeux, tu t'es énervé, m'a demandé de te laisser seul. Mais finalement, tu ne m'en as pas voulu, je pense.

Tout ce que j'ai dû faire, tout ce dont on m'a dit que je « devais le faire », te laisser partir… c'était inhumain et pourtant ! Il fallait que ça s'arrête, que tu t'autorises enfin à crier ta douleur et ne plus vouloir la supporter. Qui l'aurait supporté d'ailleurs ? Moi seule savais ce que tu endurais. C'était ta façon d'avoir encore de l'emprise sur ton corps, décider de souffrir ou pas.

Tu me manques, tu me manques…

L'anniversaire de Clémentine s'approche, ta « noobie » va avoir 12 ans et c'est le premier anniversaire où tu ne seras pas là. Bien sûr, on va penser à toi et l'on va sûrement pleurer, que faire d'autre ?

Ta petite noobie est bien courageuse. Elle a tout compris de la vie, de tes messages et de comment elle doit penser à toi. Elle continue à déposer son chagrin auprès d'Anaïs, c'est une fonceuse, je me retrouve beaucoup en elle.

Quant à Margaux, elle vit dans ton souvenir. Elle dort avec tes vêtements, sort avec tes copains, colle des photos de toi dans sa chambre et est inséparable de Jess.

Que vais-je faire de ma vie ? Comment porter ton drapeau, comment te faire vivre sans sombrer dans le chagrin ? Comment avancer avec toutes les horreurs de cette guerre tatouées dans ma mémoire ? Comment oublier tous ces moments que l'on a vécus que toi et moi ?

Comment oublier toutes ces paroles que l'on s'est dites, parce qu'il fallait bien en trouver des mots pour que tu continues à te battre !

Tous ces câlins que l'on s'est faits, toutes ces angoisses que tu m'as confiées et tous ces projets dans lesquels il fallait croire, pour le jour où tu serais guéri…

On s'est aimé à la folie, de cet amour infini qui n'a malheureusement pas pu te sauver. On s'est aimé plus que tout pour tenir tête à la maladie et aux médecins. Que savaient-ils les médecins de ce qui se passait dans ta tête ? Moi, je le savais. Je savais quand tu n'en pouvais plus, quand il fallait te laisser rentrer à la maison, quand il fallait faire une pause. Et je ne regrette rien de mes disputes avec Pauline, Céline ou Maxime.

Moi j'étais toi et je ressentais tout ce que tu ressentais. Pauline m'a souvent reproché de parler à ta place. Mais heureusement que je l'ai fait ! Elle n'aurait sinon pas su grand-chose de tes souffrances.

J'ai écrit une lettre à Pauline, pour lui dire que j'avais attendu d'elle qu'elle se manifeste à ton décès. Il n'y a à présent plus d'enjeu…

Je veux qu'elle me dise que tu as compté pour elle, qu'elle a beaucoup appris de toi et qu'elle est triste. Je ne sais pas si elle va pouvoir briser son armure.

Je t'aime, je t'aime…

J'ai emporté avec moi une photo de toi, prise à l'anniversaire de Margaux et ton fanion du FC Barça. Je perds la tête de tout ce chagrin. Je vois ta chaîne autour de ton cou, celle que tatie Corinne t'avait offerte et que tu serrais fort dans les moments difficiles.

Comme tu me l'avais demandé, je l'ai donnée à petite noobie[7] et ta chevalière à Margaux. Elles sont toutes deux très fières de les porter, comme une évidence.

Tu resteras leur modèle et tu leur as transmis beaucoup, même si pour toi, ça n'était pas assez. Pendant ces trois ans, tu t'es battu pour elles, elles n'ont cessé de te manquer. Mais ton combat fera désormais partie de leur histoire et influera forcément sur la manière dont elles vivront leur vie

---

[7] Surnom de ses petites sœurs

d'adulte. Moi aussi, je dois changer ma vie et apprendre à profiter et à m'occuper de moi. Un énorme travail en vue !

26/11/2013

Mon poussinet,

Presqu'une demi-heure de marche dans le parc. Le froid transperçait mon pantalon, mais j'étais bien, c'était le moment où je me laisse aller à penser à toi et où je pleure.

Ce matin, j'ai vu le Dr D., qui m'a demandé comment je pourrais résumer notre histoire.

Comment résumer ? Pour moi, chaque détail a son importance. Et il n'y a que nous qui pouvons comprendre. Comment me remettre dans la vie normale après cette guerre ? Tout m'apparaît bien petit après tout ce que nous avons vécu. L'important, l'essentiel, je sais maintenant où il est, mais les autres, qu'en savent-ils ?

Je pense à Poupounette qui doit être bien malheureuse de ne pas pouvoir m'appeler. Je pense que Margaux doit écrire sur tous les murs de sa chambre. Papa doit commencer à paniquer un peu. Et Pilou ? L'autre soir, je lui ai montré ta photo. Il s'est approché, je crois qu'il t'a reconnu. D'ailleurs que ressent un chien face à l'absence de son maître ?

Y a-t-il un manque ? Ce pipillou porte une lourde histoire sur ses pattes, il était censé représenter ta guérison…

C'est difficile d'être ici à ne rien faire. Je suis comme toi. Tous ces gens ne me ressemblent pas et je n'éprouve ni le besoin ni l'envie de communiquer avec eux.

Et je ne me force pas, cela aussi c'est fini de me forcer. Il faut que je rende ma vie plus légère.

Je t'aime, je t'aime…

Ton histoire…

La dernière fois que j'ai vu Laura, je lui ai dit que je voulais écrire, t'écrire, te raconter ton histoire, même si tous ces mois de maladie nous ont donné maintes occasions d'évoquer les souvenirs.

Alors pendant les vacances, j'ai acheté ce cahier, me disant que c'était le bon moment. Mais une fois de plus, la maladie a pris tout mon temps…

Aujourd'hui, tu es triste. Tu trouves refuge dans le sommeil et je ne parviens pas à te faire sortir de cet état. Avant, je trouvais les arguments, au bout de tes souffrances, il y aurait la guérison, la lumière au bout du tunnel. Mais aujourd'hui, que te dire, sinon que la maladie t'a déjà pris ton corps ne te laisse pas prendre ton esprit… Je pense que c'est cela le pire, dans ce combat, d'être conscient de la dégradation de son corps, de cette fin qui s'approche, de tout ce que l'on ne verra plus, de tout ce que l'on n'aura pas le temps de faire. Et même si les médecins essaient de nous convaincre qu'il y a encore de la vie à prendre, non, nous nous savons que ce n'est pas vrai, que c'est une lente agonie et qu'on ne peut pas faire comme si…

Quand on décide de mettre un enfant au monde, on rêve du meilleur pour lui. On lui donne tout notre amour et on essaie de le préparer au mieux à la vie.

Comme je te l'ai dit quelquefois, le métier de parents ne s'apprend pas, on fait forcément des erreurs, mais notre souci, c'est de faire bien et on suit son instinct.

Quand papa et moi avons parlé d'avoir un enfant, tu es arrivé très vite dans notre vie. À peine trois mois de grossesse que je te sentais déjà bouger. Je posais mes mains sur mon ventre et tu t'approchais. Je pense que ce lien unique que nous avons toi et moi date de cette période. Je te parlais déjà beaucoup et te disais combien tu allais embellir nos vies.

À la première échographie, j'ai su que tu étais un garçon. Papa ne voulait pas savoir, mais il n'a pas résisté longtemps ! Je lui ai dit que nous attendions un petit footballeur, il a sauté de joie !

Je pense qu'un garçon en premier enfant, c'était plus simple pour papa. Pour moi, c'était la découverte, nous sommes plutôt une famille de filles, allais-je savoir faire, qu'allions-nous partager ?

Et puis, tu t'es fait attendre… Tu devais naître le 3 août, tu es né le 10, en urgence, par césarienne. Déjà la vie avait décidé de nous contrarier ! Une grande partie de la famille était partie en vacances et ne pas avoir mes sœurs à mes côtés a été difficile. Dès ta naissance, j'ai eu peur de te perdre. Forcément, mon histoire avec mamie a influé sur ma façon d'être mère. J'ai toujours été une angoissée pour tout, peur de ne pas être là quand vous auriez besoin de moi, que vous souffriez…

Toi et moi, on a toujours eu des problèmes de séparation.

Quand tu as commencé à aller à la crèche, cela a été un cauchemar.

Tu restais accroché à mon cou en hurlant et je partais le cœur bien lourd au travail. J'aurais adoré pouvoir rester à la maison m'occuper de toi. J'ai pu le faire avec Clémentine et cela a été un grand bonheur !

Tu n'as pas vécu l'arrivée de tes sœurs de la même façon. Pour Margaux, tu étais sans doute encore petit et perturbé par ces modes de garde qui ne te convenaient pas. La naissance de Clémentine a été un vrai cadeau. Je pense que c'est là que tu as développé ton sens de grand frère protecteur…

Aujourd'hui, ce rôle de « grand frère » prend tout son sens. Tu veux épargner tes sœurs des scènes difficiles de la maladie et tu veux leur transmettre des valeurs. Et elles ont bien compris le message… De toi, tes sœurs ne garderont que le meilleur : les batailles de sumo sur ton lit – dont tu garderas la trace d'une dent cassée ! –, ta passion du foot, tes blagues, tes moqueries à mon encontre, tes copains, ton sourire et surtout, ton courage et quel courage !

Courage, c'est le mot qui revient dans toutes les conversations lorsque l'on parle de toi. Les gens me disent : « *mais comment fait-il pour supporter tout cela ?* ».

Moi, qui t'ai suivi à chaque seconde dans ton combat, je me suis souvent demandé où tu trouvais la volonté de continuer toujours et encore.

Bien sûr, il y a eu des ras-le-bol, des colères, des désespoirs immenses, mais à chaque fois que tu touchais le fond, tu trouvais l'énergie de remonter.

Je me souviens d'un après-midi à l'IHOP, tu étais complètement découragé, tu voulais tout arrêter. Tu me disais combien c'était difficile de regarder à travers la vitre et de penser à tous ceux qui étaient dehors de l'autre côté et toi, enfermé dans cette chambre.

Alors ce jour-là je t'ai dit :

« *Eh, Flo ! T'es pas tout seul ! Pense à tous ceux qui te soutiennent et qui ont envie que tu t'en sortes. D'ailleurs, quand tu seras guéri – parce qu'un jour on va t'annoncer que tout cela est terminé – on fera une grande fête pour remercier tous ceux qui nous ont accompagnés.* »

Alors, tu as pris ton ordinateur et tu as commencé à dresser la liste des invités, il y avait plus de 80 personnes… Et tu t'es relancé dans la bataille.

Supporter ce que tu as supporté est inhumain et aucun mot n'est assez fort pour décrire l'horreur que tu as vécue.

Nos mains serrées, c'est tout ce qu'il nous reste à présent pour communiquer sur cette douleur. Cette souffrance physique et psychologique, qu'aucun médicament ne soulage, tu cherches à l'apaiser en me serrant fort la main, comme si de ma main à la tienne, je pouvais diffuser un fluide magique.

Je me souviendrai toujours de la phrase que tu m'as dite le jour où le Dr LC nous a annoncé qu'il n'y avait plus d'espoir, tu m'as dit :

— *Dis, maman, tu ne vas pas laisser faire ça, tu vas faire quelque chose ?*

Oui, jusqu'à présent, j'avais toujours pu agir et dans ta tête j'étais la fée qui, d'un coup de baguette magique, pouvait changer le cours de ta vie.

— *Non, Florent, cette fois-ci c'est terminé, je ne peux plus rien faire...*

La vie avait-elle le droit de nous infliger une telle épreuve ?

Je ne me résigne pas à me dire que dans tes 18 années de vie, tu en as vécu 15 de belles. Les trois années d'enfer l'emporteront sur tous les beaux souvenirs, je le sais.

Et je porte la culpabilité de t'avoir fait connaître la vie. Non, cela ne valait pas la peine. Ce n'était pas la vie dont j'avais rêvé pour toi et rien ne peut contrebalancer la violence de la maladie. La vie, je n'ai à la remercier de rien, surtout pas de m'avoir donné la joie de t'avoir mis au monde pour te reprendre si vite, dans de telles douleurs !

Je te l'ai dit une fois, avec toi partira un morceau de moi, qui laissera un grand vide. Et ce vide, personne n'y accédera, il portera ton nom et c'est ici que nous continuerons à communiquer toi et moi, rien que toi et moi.

Beaucoup de choses se sont aussi passées dans nos silences parce que les situations faisaient qu'il n'y avait rien à dire.

Pas la peine de parler, je savais, je comprenais et j'étais là. Tout simplement là. Avec cette impuissance de ne pouvoir faire autre chose pour t'aider. J'aurais donné ma vie pour la tienne.

Un jour, tu as voulu que l'on regarde tous les deux un film qui t'avait beaucoup touché. C'était l'histoire d'une jeune fille atteinte de leucémie, que sa maman voulait à tout prix sauver en se servant du corps de sa sœur et qui ne pouvait se résoudre à la voir partir. À la fin du film, tu m'as posé cette question surprenante :

— *Dis maman, est-ce qu'à toi aussi on t'a dit un jour que je pouvais mourir ?*

Souvent, les questions tombaient d'un coup sec, sans que l'on s'y attende, mais je t'ai répondu la vérité :

— *Oui, on me l'a dit. Lors de ta 1re opération, tu aurais pu ne jamais te réveiller. Mais tu t'es réveillé et l'on a continué.*

Cette question de la mort, nous l'avons portée en toile de fond pendant ces trois années de combat.

Elle était omniprésente, mais on la fuyait. Je me revois t'accompagnant seule au bloc à Neuro ; les anesthésistes m'avaient permis d'accéder au plus près de la salle d'opération, j'apercevais la table où tu allais être installé. Tu pleurais, serrais ma main très fort et je t'ai dit :

— *Dis Flo, quoi qu'il se passe, bats-toi jusqu'au bout, ne lâche pas. Si tu ne le fais pas pour toi, fais-le pour moi.*

Combien de fois l'ai-je utilisée en électrochocs cette phrase pour te faire tenir « ne jamais lâcher » ? Baisser les bras, c'était laisser la place à la maladie.

Et jusqu'au bout tu t'es battu, avec l'espoir que la maladie ferait marche arrière.

Mais aujourd'hui, tu n'es plus là…

Florent a écrit…

<u>Le combat d'un ado</u>

Bonjour, moi c'est Florent, j'ai actuellement 17 ans et je vais vous raconter mon histoire.

Été 2010, des vacances inoubliables pour moi. J'étais alors âgé de 14 ans et j'allais venir fêter mes 15 ans en vacances avec de superbes amis rencontrés là-bas. Mes meilleures vacances jusqu'ici. De plus je découvre les nouveautés de la vie d'ados en fêtant mon anniversaire avec mes amis sur la plage et beaucoup d'alcool.

Puis arrive la rentrée, je rentrais en classe de 2de. L'adaptation se passa bien malgré que je ne connaisse personne dans ma classe. Quelques mois passèrent jusqu'au mois de novembre où en passant banalement la main dans mes cheveux je sentis une bosse. Ne n'inquiétant pas tout de suite je laissais passer quelques jours, mais sentant que la bosse ne diminuait pas j'alertais mes parents.

Ceux-ci ne s'alarmant pas tout de suite, laissaient à nouveau quelques jours s'écouler. Jusqu'au jour où, insistant, ma mère m'emmena chez mon médecin. Celui-ci ne comprenait pas. Il ne voyait pas ce que cela pouvait être. Il m'envoya faire un scanner. Même résultat pour le scanner où le médecin ne comprenait pas. L'inquiétude montait. Je pris donc rendez-vous avec un grand chirurgien « Mr M. ». Celui-ci ne voyait pas ce que ça pouvait être, mais était plutôt partant pour une opération. Avant cela il préféra m'envoyer au centre d'oncologie Léon Bérard passer une biopsie.

Quelques jours après cette biopsie, mes parents et moi fûmes convoqués au centre Léon Bérard. Mes parents avaient compris ce qui allait se passer, mais moi non.

La cancérologue nous reçut donc dans un bureau. Elle commença à parler des progrès de la médecine concernant les cas de cancer, etc. Ma mère comprit et s'effondra en larmes. J'avais donc un ostéosarcome à la tête.

Je ne me rendais pas encore compte de la gravité de la chose. Des larmes sortirent de mes yeux, mais surtout car je voyais mes parents en pleurs. Je fus ensuite invité à sortir du bureau pour que la cancérologue le « Dr M-B » s'exprime en privé avec mes parents.

Je décidais donc d'envoyer un message à tous mes amis leur expliquant la situation et qu'il ne fallait pas m'oublier. Mes amis m'exprimèrent leur soutien. Quelques jours après, j'étais à nouveau convoqué à l'hôpital pour qu'on me pose un cathéter, c'était ma première opération. On était vendredi, il me restait le week-end comme répit avant le commencement de ma première chimio. Ma famille est venue me rendre visite chez moi, je ne pouvais plus sourire, je ne pensais qu'à une chose, lundi. Puis je vis mes amis aussi avec leurs parents, chacun me répétait la même chose « le moral c'est le plus important, garde le moral ».

Puis arrive lundi, tout s'enchaîna, je passai d'abord au Cecos qui était chargé de recueillir mon sperme, car les chimios peuvent rendre infertile. Immédiatement après cela, je filais au centre Léon Bérard, je me suis retrouvé en chambre double. C'était mon premier traitement. Je ne fis que vomir.

Je faisais que faire pipi. Je ne pouvais pas dormir, la machine à laquelle j'étais branché ne faisait que sonner. Je suis resté à l'hôpital. Des amis venaient me voir, mais je n'étais pas en état de les recevoir.

Puis mes sœurs sont venues, Margaux 12 ans et Clémentine 9 ans. Rien n'est plus dur de voir sa sœur courir vers soi et de s'effondrer en larmes dans mes bras. J'étais impuissant. Je pus rentrer chez moi le jeudi. Je fus malade chez moi c'était très dur.

Puis les chimios s'enchaînèrent j'y allais tous les lundis jusqu'au jeudi. C'était de plus en plus dur. J'étais malade avant même d'arriver à l'hôpital. Cette chimio-là ne faisait pas tomber les cheveux.

Mais après 4-5 chimios de ce type, j'ai enchaîné sur un autre type de chimio qui faisait tomber les cheveux et qui entraînait une longue période d'aplasie. La tombée des cheveux, des sourcils et des poils fut extrêmement dure pour moi.

Pendant cette période d'aplasie, je devais normalement être chez moi à part en cas de fièvre. Malheureusement 3 jours après la sortie, je retournais à l'hôpital pour cause de fièvre. Je n'arrivais jamais à passer plus de 4 jours chez moi, ce qui était extrêmement dur. Le jour de l'an arrivait, il était prévu que je le passe avec mes amis, malheureusement faute de circonstance je passais ce moment-là une fois de plus à l'hôpital.

Comme c'était un jour spécial les infirmières me proposèrent de manger ce que je voulais, je leur demandais un gratin de ravioles, mais quand le plat arriva, impossible d'y toucher tellement les nausées étaient fortes, je fondis en larme avec ma mère qui fut à mes côtés tout au long de la maladie, elle dormait même avec moi.

Mon seul bonheur fut, le 11 janvier 2011, de rencontrer ma copine, Jessica, qui m'accompagna, me boosta et fut à mes côtés dans ces moments horribles, grâce à elle j'oubliais tout.

Après plusieurs chimios aussi dures les unes que les autres arriva le moment de l'opération. C'était le « Dr M. » qui s'en chargerait. J'avais confiance en lui. Je me fis donc opérer le 29 mars 2011. L'opération fut très longue, 12 h.

L'opération fut très compliquée et dangereuse, mais le chirurgien arriva à enlever l'intégralité de la tumeur.

Le réveil fut dur, j'étais en service de réanimation, la douleur était très forte et je n'avais le droit qu'à du Doliprane ce qui fit enrager ma mère. Deux jours plus tard, sachant que mes sœurs et mes cousines étaient dans le couloir, je trouvais la force de me lever et de marcher, accompagné de mes parents, jusqu'à elles. Je pus enfin serrer mes sœurs dans mes bras qui firent pleurer toute ma famille. Elles m'apportèrent un cadre avec des photos de mes sœurs qui depuis ne me quitte plus.

Je fus ensuite admis dans une chambre où le temps fut long, très long. Malheureusement la malchance était toujours présente, mon oreille se mit à saigner et couler. On y découvrit du liquide céphalo-rachidien. « Mr M. » & « Mme M-B » se livrèrent bataille sur mon cas.

D'un côté le chirurgien ne voulait pas que je reprenne d'emblée les chimios, car celles-ci empêcheraient une bonne cicatrisation et de l'autre côté la cancérologue estimait que la reprise immédiate des chimios était nécessaire. Mais grâce à la cadre de l'hôpital qui m'aida beaucoup, je réussis à rentrer une semaine chez moi avant de reprendre les chimios. La reprise fut encore plus dure. Je croyais que le plus dur était fait, mais tout au contraire, recommencer ce combat était insupportable.

Tous les jours je répétais la même phrase à ma mère : « Mais pourquoi moi ? ». Elle me répondait : « C'est la vie, tu n'y peux rien ». Après quelques chimios de plus je recommençais la chimio avec la période d'aplasie et la malchance reprit.

À cause de mon oreille, j'attrapais une méningite. Je fus cloué au lit pendant 3 semaines. Semaines sans voir mes sœurs, mes amis, ma copine, avec seule compagnie toutes les larmes que pouvait verser mon cœur.

Après cette méningite et plusieurs consultations ORL, on décida de me réopérer pour boucher les brèches qui faisaient couler le liquide. Le chirurgien reprit la même cicatrice. Après l'opération, l'oreille ne coulait plus, mais seulement pendant quelques jours. On m'a dit de rentrer chez moi et de revenir pour enlever les fils de la cicatrice, mais quand je suis arrivé le jour J, on m'apprit qu'une nouvelle opération était prévue le jour même.

Nous étions en plein mois de juillet. Le chirurgien décida donc de m'installer une dérivation externe reliant ma tête à mon dos. Je la supportais très mal et restais plusieurs semaines comme ça, jusqu'à que je supplie le chirurgien en pleurs de me l'enlever. Il céda, mais reprogramma une opération. On m'enleva de la graisse du ventre pour pouvoir boucher mon oreille. Après cela l'oreille ne coulait plus, mais je n'entendais plus de l'oreille droite.

Après cela j'ai pu passer un minimum de temps chez moi puis j'ai repris les chimios. Cela devenait de plus en plus dur, je vomissais dès l'entrée dans l'hôpital. Un jour où j'étais en traitement, la cancérologue est venue me rendre visite et elle m'annonça qu'en plus des chimios, la radiothérapie était prévue à Paris ! J'étais effondré. Mais comme ma mère me disait toujours : « il faut se battre pour tous ceux qui t'aiment ».

Je continue donc coûte que coûte les traitements jusqu'au 6 août 2011, jour de ma dernière chimio, je sautais au plafond.

Mais le sort s'acharnait, je dus me refaire opérer pour des problèmes de méningites.

Je passais mon anniversaire à l'hôpital. Puis quelques semaines plus tard, c'était direction Paris le jour de mon anniversaire le 10 août, avec ma mère toujours à mes côtés.

Nous rencontrons d'abord la radiothérapeute qui nous indiqua qu'une partie des cheveux irradiés ne repousserait pas. Nous n'avions pas bien compris la chose... Deux mois plus tard, je me retrouvais avec le côté droit du crâne complètement chauve. Impossible pour moi de sortir comme ça. Quand tous les traitements furent finis, j'organisais une grande fête avec tous ceux qui m'ont soutenu tout au long de la maladie, nous étions une soixantaine, ce fut une soirée très émouvante avec notamment un discours de ma tante et de ma mère qui fit pleurer toute la salle.

Après cela, je repris le lycée en décembre en mettant une capuche. Je ne quittais jamais ma capuche même en cours. J'ai passé mon bac avec une capuche. Malgré mon année, je réussis à passer en terminale ES. Très dur de vivre caché. Le regard des gens est dur à encaisser. Être différent des autres est difficile.

Lors de ma première soirée en boîte de nuit, je dus y aller avec une casquette ; c'était extrêmement gênant. Puis la vie continua, je réussis à passer de la capuche à la casquette en juin. Je passais mon code de la route. Je commençais la conduite accompagnée. La vie reprenait petit à petit.

Les vacances arrivèrent, je partis avec mes parents et mon meilleur ami, Joris, ce fut des vacances inoubliables. Ma copine m'a rejoint également, passant quelques jours de pur bonheur.

À la rentrée, je décidais d'aller au lycée sans ma capuche, mais avec ma casquette cette fois-ci. Le regard des gens était toujours gênant, mais j'arrivais de plus en plus à en faire abstraction. Puis marre de sortir cacher, je pris une grande décision, je partis m'acheter une perruque.

Le temps d'adaptation fut long, mais je m'y suis fait petit à petit. Personne ne savait à part mes amis que je portais une perruque. Je pus donc vivre une vie à peu près normale.

Les mois passèrent jusqu'en janvier où je ressentis une douleur aux poumons. Puis lors d'un simple moment avec ma copine, celle-ci remarqua une boule dans le dos. M'inquiétant immédiatement, j'appelais le médecin. Celui-ci favorisa une infection pulmonaire et excluant totalement toute forme cancérologique. Je passais toute de même un scanner.

À la suite de ce scanner, le médecin m'annonça une boule non identifiée sur le 9e côté gauche. À cette annonce j'ai failli m'évanouir, j'avais compris. Ma mère essayait de me consoler, mais je savais ce qui m'attendait. Le médecin nous envoya donc au centre Léon Bérard. Je passais une biopsie qui confirma bien ce que je pensais, c'était une récidive. Je ne pouvais pas le croire, je ne pouvais pas revivre ce que j'avais vécu il y a 2 ans. Malgré cette malchance qui me poursuit, j'ai décidé de me battre pour tous ceux qui m'aiment.

Je commençais ma première chimio début février, celle-ci me fit tomber dans une période d'aplasie qui entraîna ensuite une infection à la tête où on dût m'opérer une énième fois sur la même cicatrice.

Les temps dans cet hôpital sont extrêmement durs. Je voulais rentrer chez moi à tout prix. Les pleurs occupaient toutes mes journées.

À l'heure où je vous écris, je suis actuellement à l'hôpital, mon combat n'est pas fini, mais il est bien commencé...

Florent

11 avril 2013

Nous sommes à l'HFME, pour l'opération de la côte sur laquelle la récidive s'est posée. C'est le soir, nous sommes tous les deux et il va falloir occuper toutes ces heures qui nous séparent de l'opération.

Florent est sur son lit, avec son ordinateur sur les genoux et nous parlons. Comme à la veille de chacune des interventions qui auront eu lieu pendant ces trois années, c'est le moment où nous allons parler de la vie, de la vraie vie et de ce prix si lourd à payer pour qu'elle continue.

Je me rends compte aujourd'hui combien les confidences de Florent m'auront été précieuses. Des moments d'intimité partagés entre lui et moi, seulement entre lui et moi.

— *Pourquoi n'écris-tu pas tout ce que tu ressens ? De ton combat, il faut en faire quelque chose, et puis écrire, c'est parfois plus facile que de parler.*

— *J'ai déjà commencé à écrire. Mais tu sais Maman, je ne trouve pas de mots assez forts pour décrire ma douleur et toute l'horreur de cette maladie. Tiens, je veux que tu lises.*

— *Non, Florent, ça t'appartient. Je le lirai quand tu l'auras terminé...*

Ce soir-là, nous allons discuter jusqu'à 1 h du matin. Pas très sérieux de se coucher si tard la veille d'une opération ! Nous allons pleurer, nous allons rire, et nous allons surtout poser les jalons de projets qui te tiennent à cœur pour te donner le courage de continuer.

Le jeudi matin, 8 h, arrivée de l'infirmière dans la chambre pour te dire qu'il va te falloir passer une nouvelle IRM avant l'opération. Tu refuses.

Après quelques minutes de négociation avec toi, l'infirmière baisse les bras et part chercher le Dr M. qui interviendra sur tes poumons.

Il t'explique : les examens passés à Bérard sont trop flous – la douleur insoutenable ne t'avait pas permis de rester immobile – mais ils témoignent néanmoins d'un envahissement de la maladie à d'autres endroits que ceux préalablement repérés, cet examen est primordial à la bonne conduite de l'opération. Tu refuses à nouveau.

Le médecin nous annonce qu'un troisième chirurgien interviendra, car la colonne vertébrale est touchée. On ne nous avait rien dit… Mais mon cœur de maman décode vite ce que le chirurgien veut nous faire comprendre : la situation est bien plus grave que ce qu'ils avaient prévu. Je vais alors te convaincre.

À 11 h, nous voici à la radiologie, à côté de la salle d'opération. Tu souffres le martyre et l'anesthésiste hésite : elle veut éviter de t'endormir complètement, car elle sait que l'intervention sera longue et cela comporte des risques.

Il faut essayer de tenir l'examen sans sédatif. Devant tes cris, elle me propose de t'accompagner dans la salle d'IRM. Les radiologues vont tout faire pour trouver une position qui ne soit pas douloureuse, en vain. Te voici englouti par ce gros tunnel, je suis assise à l'autre bout et te tiens les mains. On m'a placé un casque sur les oreilles et je suis les instructions que me lancent la radiologue et l'anesthésiste de l'autre côté de la vitre. L'examen est long, très long et tu ne peux plus canaliser ta douleur. Je te parle, doucement, le spectacle devant mes yeux est insoutenable, mais il faut que je tienne.

Mais tes cris s'amplifient, tu veux te défaire de tous ces liens qui t'empêchent de bouger et je craque. Je me lève, sors de la salle et m'écroule. L'anesthésiste me prend dans ses bras, elle va me remplacer auprès de toi ; cette IRM est vitale, c'est elle qui va guider les mains des chirurgiens.

Midi, papa nous a rejoints. Tu es sur le brancard qui va te conduire à la table d'opération. Enfin, on va mettre fin à ta douleur, enfin, je crois… Je ne sais plus ce que je crois. Je vis un cauchemar éveillée, qui pourrait croire ce que l'on est en train de vivre ?

Papa et moi serrons tes mains très fort, je te redis : « *Bats-toi jusqu'au bout, tu es mon champion du monde.* ». Et tu pars.

L'opération durera plus de 10 h. Pendant tout ce temps, aucune information ne filtrera. Tatie Corinne et Tatie Nathalie sont venues, à tour de rôle pour nous tenir compagnie. Il est 22 h, je suis lovée sur un fauteuil dans la salle d'attente, essayant de garder les yeux ouverts, papa rentre et sort, inlassablement.

Puis le Pr C. finira par sortir de la salle d'opération, dans sa blouse bleue, la charlotte de travers et des gouttes de sueur perlant sur son front.

— *Tout s'est bien passé. J'ai dû enlever 2 côtés, 3 vertèbres, un morceau de poumon… mais il va bien. On le laisse sous anesthésie jusqu'à demain, car il va trop souffrir.*

— *Ah ! Il va encore beaucoup souffrir !*

— *Oui, mais on va faire ce qu'il faut.*

Ça n'en sera donc jamais fini de cette douleur…

— *Merci Docteur, vous lui avez sauvé la vie !*

— *Je ne sais pas, mais on a fait tout ce qu'on a pu.*

Papa et moi rentrerons ce soir-là sans t'avoir vu. Mais en pensant qu'une page venait de se tourner et que la suite ne pouvait être que plus légère.

Non, le pire était à venir…

Lorsque tu avais demandé à Pauline combien de temps tu allais rester à l'HFME, elle t'avait répondu : « *Cinq jours, tout au plus !* ». Tu y es resté dix-neuf jours…

Cinq, c'est le nombre de jours que tu as passé en service de réanimation. Défense de bouger le moindre millimètre de ta colonne vertébrale.

La jambe gauche ne répond pas bien aux stimulations. Oui, il y a un risque que tu ne puisses plus marcher. Mais tu vas te battre encore et encore.

Au sixième jour, tu gagnes le service orthopédie. Tu souffres le martyre. Je ne suis pas autorisée à dormir avec toi. Je suis déchirée de te voir dans cet état. Le lendemain matin, 7 h, Dorothée, l'infirmière qui s'occupe de toi m'appelle à la maison.

— *Il faut que vous veniez au plus vite. Florent a pleuré toute la nuit, il vous a réclamée et nous ne sommes pas arrivés à le calmer.*

Je tremble.

— *Je dois déposer ma fille Margaux qui part ce matin en voyage scolaire en Italie. Je ne pourrais être là que vers 9 h 30.*

— *Faites comme vous pouvez, mais il a besoin de vous. Prévoyez de rester.*

Lorsque j'arrive dans ta chambre, toute l'équipe médicale est autour de ton lit. Je regarde un des médecins : je me sens impuissante devant ta douleur.

— *Il a besoin que vous soyez avec lui, tout simplement. La douleur, c'est notre travail, c'est nous qui allons nous en charger.*

À ce moment-là, j'avais encore ce « pouvoir magique » de pouvoir t'apaiser, plus pour bien longtemps…

Très vite, je revêts ma panoplie d'infirmière et d'aide-soignante. Les médicaments, c'est à moi que l'infirmière les confiera.

J'évaluerai ta douleur, ferai le compte-rendu matinal de ta nuit, de ton moral, de ton appétit et me transformerai même en « coach ». Tel un entraîneur avec son équipe de foot, qu'il faut mener à la victoire. Agir sur ton mental aura été le plus difficile. Ton lever passera par le port d'un corset qu'il va te falloir supporter et accepter.

L'humiliation est à son comble : bas de contention, couche, maillot de corps style « Marcel », 10 kg en moins… Mais tu vas y arriver, il le faut, ne jamais lâcher, jamais, jamais…

Ce matin-là, la kiné passe te voir :

— *Veux-tu essayer de t'asseoir sur le bord de ton lit ?*

— *Oui, mais je veux me lever.*

Interrogation dans les yeux de la kiné. Quelques minutes plus tard, tu seras debout quelques secondes et l'on t'installera dans le fauteuil. L'émotion se lit dans les yeux de l'équipe. On nous laisse seuls tous les trois avec papa, un moment d'intimité qui nous appartient. Les larmes coulent le long de mes joues, je te prends en photo pour l'envoyer à toute la famille. Un champion, tu es un champion ! Mais comment fais-tu ? La nouvelle va faire le tour du service !

Chaque instant de ces dix-neuf jours passés à l'HFME, tu vas te battre sans relâche. Jusqu'à m'épuiser et épuiser l'équipe médicale.

Tu veux rentrer à la maison et vas les harceler tous les jours. Tant et si bien qu'un vendredi soir, un interne passe et t'annonce qu'étant donné que tu n'as plus besoin d'antibiotiques, tu peux rentrer chez toi.

Je suis ébahie, tu ne marches pas encore tout seul, tu as besoin de soins, d'une kiné, la maison n'est pas adaptée à ton handicap et je serai seule pour m'occuper de toi… Et il pense mettre en place l'HAD un vendredi soir ?

Tes yeux se remplissent de larmes de joie, enfin tu vas rentrer ! Moi, je reste sans voix. Heureusement, le Dr M. va passer te voir. À l'annonce de ta sortie imminente, il se met en colère : ton état ne te permet pas de rentrer. Éventuellement, on peut faire le test sur un week-end, à la journée, mais dans l'immédiat, c'est NON.

Tu rentreras finalement le 19 avril. Aucune HAD[8] ne nous a été proposée. Il a fallu que je réclame une ordonnance pour les antidouleurs et pour la rééducation, dont le Pr C. a dit qu'elle n'était pas indispensable… Une visite de contrôle à planifier ? Non, pas besoin ! Je me sens devenir folle. Mais en y repensant, les médecins savaient-ils déjà la fin, pour être si désintéressés de ton sort ? Avaient-ils revêtu leur armure du parfait médecin que rien n'atteint ?

Papa a installé ton lit dans la salle à manger. C'est le pur bonheur pour toi de redormir dans ton lit, même si l'on se rend bien compte qu'un lit médicalisé aurait été plus pratique. Papa a fini par convaincre Fanette[9] de prendre en charge tes séances de kiné, au moins un soulagement !

Je décide de t'imposer un rythme de lever afin que l'organisation de la vie de famille ne soit pas trop perturbée. De plus, les antidouleurs doivent être pris à heure fixe.

Puis profitant du beau temps qui s'installe, je t'oblige à faire quelques pas tous les matins devant le lotissement, avec ton déambulateur. Puis petit à petit, tu vas pouvoir remonter les marches

---

[8] Hospitalisation à domicile

[9] kinésithérapeute

et accéder à la salle de bain. Un peu d'intimité retrouvée ! Ton lit peut être remonté. Et si la vie recommençait comme avant !

15 jours ont passé depuis ta sortie de l'HFME. Je me retrouve toute seule face à mes questions. L'infirmière m'avait dit que je pouvais enlever ton pansement, tu refuses que je te touche. Comment gérer le corset, les bas de contention ? Les petits « boutons » sur ton crâne m'inquiètent.

Je finis par appeler Christèle à l'IHOP. On nous a laissés un peu seuls depuis le retour à la maison, j'ai besoin d'être rassurée.

Pauline n'en revient pas de te voir dans cet état. Elle a suivi de près ton hospitalisation et ne pensait pas te voir dans cette forme et si proche de retrouver la marche complète.

Nous décidons de faire le point une fois par semaine, jusqu'à ce que je lui rappelle qu'elle n'a toujours pas réglé le problème « des petits boutons » sur le crâne. Quels boutons ? Vous ne m'en avez jamais parlé ? Si, bien sûr, dès le début, mais j'ai vite pensé que les nombreuses IRM auraient déjà dû déceler une tumeur et qu'il s'agissait sans doute des vis posées pour la protonthérapie[10].

Je lis l'inquiétude sur son visage. Une radio, puis une autre. Sans mettre de mots sur l'inquiétude. Je finirais, comme d'habitude, par provoquer la question :

— *Peut-il s'agir d'une récidive ?*

— *Oui, on ne peut pas l'exclure, mais pour en être vraiment sûr, il faut que Florent passe une scintigraphie et un Pet Scan. Je planifie ça pour vendredi. Si je ne vous ai pas appelée lundi, c'est que tout va bien.*

Ce fut le début de la fin…

---

[10] Technique nouvelle de radiothérapie permettant de ne pas léser les cellules autour de la zone cible

PRIÈRE AMÉRINDIENNE (auteur inconnu)

Quand je ne serai plus là, lâchez-moi !
Laissez-moi partir,
Car j'ai tellement de choses à faire et à voir !
Ne pleurez pas en pensant à moi !
Soyez reconnaissants pour les belles années
Pendant lesquelles je vous ai donné mon amour !
Vous ne pouvez que deviner
Le bonheur que vous m'avez apporté !
Je vous remercie pour l'amour que chacun
M'a démontré !
Maintenant, il est temps pour moi de voyager seul.
Pendant un cours moment vous pouvez avoir
De la peine.
La confiance vous apportera réconfort et consolation.
Nous ne serons séparés que pour quelque temps !
Laissez les souvenirs apaiser votre douleur !
Je ne suis pas loin et la vie continue !
Si vous en avez besoin, appelez-moi et je viendrai !
Même si vous ne pouvez me voir ou me toucher,
Je serai là.
Et si vous écoutez votre cœur, vous sentirez clairement
La douceur de l'amour que j'apporterai !
Quand il sera temps pour vous de partir,
Je serai là pour vous accueillir.
(...)
N'allez pas sur ma tombe pour pleurer !
Je ne suis pas là, je ne dors pas !
Je suis les mille vents qui soufflent,
Je suis le scintillement des cristaux de neige,
Je suis la lumière qui traverse les champs de blé,
Je suis la douce pluie d'automne,

Je suis l'éveil des oiseaux dans le calme du matin,
Je suis l'étoile qui brille dans la nuit !
N'allez pas sur ma tombe pour pleurer,
Je suis là, je ne suis pas mort.
(...)

Si c'est vrai que tu n'es pas mort, pourquoi est-ce que je souffre autant de ton absence ? Les souvenirs, les photos sont aussi là pour me rappeler que tu as été et que tu n'es plus... Les livres, les psychiatres, les bien-pensants ont beau dire que le temps apaise toutes les douleurs, non, ce n'est pas vrai. Ça, c'est le discours formaté. La vérité, c'est que l'on ne se remet jamais de la perte de son enfant. Que faire son deuil, ça ne veut rien dire. C'est juste pour rassurer l'entourage qu'un jour, c'est sûr, on ira mieux parce que finalement, le visage qu'on leur montre est si insupportable qu'ils ont besoin de savoir qu'un jour, « on sera guéri » de cette douleur. Moi, ce visage transfiguré, je l'assume. C'est ta trace, l'empreinte que la vie a décidé de laisser, bien en face pour qu'elle se voie bien.

Oui, ce soir, j'ai du chagrin et de la colère. Je deviens folle de tout ce chagrin et après tout, si je pouvais en mourir...

Je ne serais pas une héroïne, non, le héros, c'était toi, mais si mon corps pouvait prendre place à côté du tien, est-ce que je serais enfin apaisée ?

25 juillet 2014

Oui, ça y est ! J'ai eu ce courage. Quitter l'IHOP. Je ne m'en serais jamais crue capable et pourtant, j'y suis arrivée. Comme je l'ai dit à Laura et à Pauline, tu as dû te dire : « *Ah ben quand même ! Ce n'est pas trop tôt !* »... Non, ce n'est pas trop tôt, c'est tout le temps qu'il m'a fallu pour t'emmener avec moi, te faire quitter ce lieu que tu détestais le plus au monde. Pauline m'a dit :

— *Vous le laissez partir.*

— *Non, je ne le laisse pas partir, je l'emmène avec moi, c'est différent !* « *C'est joli...* », m'a-t-elle répondu...

J'ai dit au revoir à Laura, à Pauline et à Christèle.

Laura va énormément me manquer, mais il est des rencontres dont on sait d'avance qu'elles auront un jour une fin, qu'on le veuille ou non. Laura, j'aurais pu continuer à la voir toute ma vie. Même si je le lui ai dit, elle ne mesurera jamais l'importance qu'elle a eue dans ma vie, dans ce parcours. Je pense qu'elle n'en est pas sortie indemne elle aussi... Je lui ai confié toute mon intimité, sans doute plus que je n'aurais dû tant il s'est passé des choses entre elle et moi.

Comme une évidence à nous retrouver, à reprendre nos conversations là où nous les avions laissées la dernière fois. Sans aucun jugement, jamais. Comme une urgence à chaque fois à traiter l'urgence.

Elle a toujours su trouver le mot juste et me guider vers le meilleur chemin. Elle m'a tenu la main, sans jamais la lâcher. Elle fera partie de ces rencontres inoubliables de ce parcours, de ces rencontres dont on sort plus riche et plus fort. Elle a toujours eu une main bienveillante, m'a laissé sa porte ouverte, sans jamais me l'imposer. Et tout cet espace qu'elle a ouvert pour moi, je m'en suis saisie à chaque fois que j'en ai eu besoin, sans hésitation. Et pour cela, je ne la remercierai jamais assez. Mais entre elle et moi, il restera toi Florent et cet écrit que je ne partage pour l'instant qu'avec elle.

Puis j'ai vu Pauline. Il était important pour moi de la voir une dernière fois. Depuis ton départ, je n'ai jamais ressenti le besoin de lui parler. Pour quoi faire ? Nous nous sommes toujours tout dit quand il le fallait. Alors, la voir pourquoi ? Pour réécrire l'histoire ? Ce n'est pas possible. Elle m'a demandé ce qu'elle aurait pu faire de mieux avec toi. Elle avait à chaque fois, suivi son instinct, mais peut-être qu'elle aurait dû faire autrement. Et surtout, elle voudrait faire mieux si un jour un autre Florent croisait sa route.

Non, Pauline, on ne va pas parler de ce qui aurait pu être. Je lui ai dit qu'elle et moi avions été souvent dans la confrontation, mais que finalement, nous avions le même but, te sauver, Florent.

Elle était dans son rôle de médecin et moi dans celui de maman et forcément, nous ne pouvions pas nous rejoindre sur tout. Je lui ai parlé de cet atelier de photolangage auquel je participais à la clinique. Le thème du jour était : une rencontre qui vous a marquée. J'ai tourné autour de la table et ai pris instinctivement une photo avec un gant de boxe rouge. Je me suis rassise et ai montré ma photo au groupe :

— *Cette photo me fait penser à une personne, un médecin, dont j'ai croisé la route. Sans doute que dans une vie normale, nous ne nous serions jamais rencontrées, mais la vie nous a mises face à face. Et cela a été une rencontre musclée. Nous nous sommes beaucoup affrontées, mais aussi beaucoup respectées. Et elle restera dans mon cœur à tout jamais, c'était une belle rencontre.*

Elle a souri :

— *Vous savez, peut-être que si nous nous étions rencontrées dans un autre contexte, nous ne nous serions pas entendues non plus. La lettre que vous m'avez écrite m'a fait mal, mais c'est la règle du jeu, et je l'accepte... Je veux que vous sachiez que je n'oublierai jamais Florent, qu'il restera une rencontre importante dans ma vie de médecin et que son courage m'a beaucoup touchée.*

Je ne pense pas qu'il y ait de leçon à tirer de ton histoire, Florent. Tu étais unique, tant dans ton courage que dans ton caractère. Et l'on ne peut pas calquer une expérience sur une autre.

J'ai simplement dit à Pauline que j'aurais parfois attendu d'elle un peu plus d'humanité, mais que sans doute cela n'était pas compatible avec la position de médecin. Et que cette distance était sûrement nécessaire pour pouvoir exercer ce métier.

Elle m'a exprimé aussi sa difficulté à positionner les parents dans une situation où l'enfant n'en était plus tout à fait un et que son avis devait être pris en compte. Je lui ai simplement répondu qu'elle t'avait demandé ton avis au moment où il n'aurait plus fallu...

En tous cas, elle t'a mené là où tu souhaitais aller et je l'en ai remerciée. Mais à quel prix pour tes sœurs, papa et moi ? Au prix de ce « choc traumatique » dont je ne guérirai jamais, au prix de ces images que tes sœurs n'auraient jamais dû voir, au prix de ce silence si douloureux dans lequel s'enferme papa, aux prix de tellement de choses...

Je lui ai offert un ange en souvenir de toi, pour que lorsqu'elle aurait des moments de doute, elle trouve de la force en toi, et puis aussi, pour qu'elle ne t'oublie pas.

Je lui ai aussi dit que j'écrivais ton histoire telle que je l'avais vécue et ressentie. Pour que tous ceux qui t'ont accompagné connaissent aussi l'autre côté du miroir, tout ce que tu n'as jamais voulu leur montrer. Mais je lui ai aussi dit que je me rendais compte combien ton histoire était horrible et que personne n'aurait envie de la lire. Elle m'a dit : « *Tant pis pour les autres, mais moi, je souhaiterais la lire* ».

Et puis, j'ai dit au revoir à Christèle, mon infirmière de cœur, celle qui court toujours après le temps. Je lui ai dit de prendre bien soin d'elle et de profiter de son bout 'chou, que le temps passait trop vite…

Avant la fin…

Que dire à des parents à qui l'on vient d'annoncer que leur enfant allait bientôt mourir ? Qu'à partir de maintenant, leur vie serait un cauchemar ? Non. Je croise Christèle dans les couloirs ; elle me dit qu'elle n'a cessé de penser à nous depuis l'annonce de la fin, qu'elle aimerait faire quelque chose pour nous :

— *Hier, dans l'hôpital, il y avait la responsable de l'association Cœur vers Corps. Je lui ai parlé de vous. Un séjour à la montagne s'est libéré la première semaine de juillet, ce serait bien pour vous. Cette association prend en charge des familles dont l'enfant a connu un parcours médical compliqué ou en fin de vie. Elle permet aux familles de se retrouver. Réfléchissez. Pour l'instant, Florent est en vie et de ce temps qu'il reste, il faut en faire quelque chose, en profiter pour vous fabriquer des souvenirs.*

Depuis l'annonce de la fin, mon cerveau est anesthésié. Et je suis abasourdie par la réaction des équipes médicales. Mais elles, elles sont habituées à ces coups du sort, cela fait partie intégrante de leur profession.

Elles savent dès le début qu'il y a 20 % des enfants qu'elles ne sauveront pas. Pour nous, c'est la fin du monde, tout s'écroule. On a envie de crier à la terre entière notre douleur. Comme si nous étions les seuls à qui cela arrive…

Mais dans ces moments-là, on ne pense pas aux autres. Je me rappelle une séance avec le psychiatre qui me disait :

— *Mais madame, des enfants, il en meurt tous les jours !*

Comme si l'on pouvait banaliser cet événement…

— *Il en meurt peut-être tous les jours, mais ce n'est pas pour cela qu'on doit l'accepter. Et quand c'est son propre enfant, c'est encore plus insupportable et inacceptable !*

— *Oui, mais la mort fait partie de la vie.*

— *La mort ne devrait arriver que lorsque l'on a vécu sa vie, que l'on est très âgé, pas avant. En l'occurrence, un enfant n'a pas vécu, ce n'est donc pas dans l'ordre des choses.*

Ces propos avec le psychiatre me font mal. Que peut-il comprendre de ce qu'une maman ressent viscéralement lorsqu'on lui arrache son enfant ? Et de ce combat qu'il a mené comme – ou même mieux – qu'un grand !

Avec moi, il va batailler pour me faire accepter l'inacceptable. En vain.

Florent et moi avions sans doute ce même trait de caractère, de ne pouvoir accepter l'injustice et de ne pouvoir arriver à la résignation. Jusqu'à la veille de son départ, Florent aura eu le poing levé, et je l'aurai sans doute moi aussi jusqu'à ma mort.

Pour les médecins, la mort s'inscrit juste dans une autre étape du suivi des enfants : l'accompagnement vers la fin de vie. Et cela apparaît tellement naturel pour eux que c'en est insupportable. Souvent, j'ai eu envie de leur hurler que non, une fin de vie ne peut pas être jolie, qu'on ne peut pas « penser » être heureux à faire des choses.

Non, pour nous maintenant, chaque jour où Florent est encore là, c'est un de moins qu'il passera avec nous. On compte à l'envers. Chaque jour qui passe nous rapproche un peu plus de son départ.

Et moi, personnellement, je suis déjà dans l'après, quand tu ne seras plus là et d'ici là, comment va se dérouler ta fin.

Mon amie Muriel m'avait rapporté les paroles d'une maman venue témoigner dans un congrès de médecins : « *il faut accrocher de la vie aux jours quand il ne reste plus beaucoup de jours à la vie.* ».

Ma sœur Corinne m'a souvent demandé comment je faisais pour tenir, pour trouver le courage d'affronter les journées. Mais en fait, on n'a pas le choix. Chaque matin, le jour se lève et l'on fait ce pour quoi on est programmé.

Il n'y a pas à se poser la question de ce que l'on va être en état de faire ou pas, les heures défilent, pour nous mener à la soirée, on ne peut pas arrêter le sablier du temps.

Alors chaque matin, je vais me lever en me disant : « *Florent est encore là !* » et je vais affronter la journée et ce que le destin a décidé de nous infliger. Je serai là, tout près de lui, à le soigner, à le nourrir, à le câliner, à le réconforter, à l'écouter.

À lui dire que tant que je serai là, il ne lui arrivera rien. Parce que c'est mon rôle de maman. Pour moi, il redevient un tout petit enfant qu'il faut protéger, tant qu'on le peut, du vilain loup qui va le dévorer à la fin de l'histoire…

L'idée du séjour proposé par Christèle fait son chemin dans ma tête. J'en parle à Florent, qui est tout de suite partant. Il ne lâchera rien à la mort, jusqu'à la fin, même une toute petite miette de bonheur !

À notre arrivée à Corrençon, à peine installés, Florent et moi allons nous disputer violemment. Pour un rien. Mais ce sera le prétexte pour lui de me faire mal, parce que c'est le seul moyen qu'il a de se venger de son destin.

S'en prendre à moi, même si ce n'est évidemment pas ce qu'il veut. Mais je ne vais cette fois-ci pas laisser passer. Je pars m'enfermer dans la chambre et vais pleurer sans pouvoir m'arrêter. Près d'une heure plus tard, Florent viendra me retrouver, s'excuser et nous resterons dans les bras l'un de l'autre serrés.

Il m'avouera que pour lui, c'est difficile d'être ici, parce qu'il sait pourquoi il est là et qu'il sait aussi qu'il ne lui reste plus beaucoup de temps. Toute la difficulté de cette fin de vie réside dans ce constat : on va mourir, mais on ne sait pas quand. Et en attendant, on est « condamné » à vivre…

De ce séjour qui aura finalement si mal commencé, je garde cependant un souvenir plein de tendresse. Parce que Michèle, la bénévole de l'association, nous aura organisé une semaine toute en douceur, adaptée à l'état de santé de Florent et à la famille. Parce que nous aurons été accueillis comme des rois au Caribou et très entourés. Parce qu'un lien très fort se sera tissé avec Michèle. Parce que les montagnes de Villars de Lans nous auront donné toute leur force. Pendant une semaine, le temps s'est arrêté, nous étions seuls au monde, loin de l'hôpital et des traitements. Parce que oui, parfois, quelques minutes dans la journée, nous avons été heureux d'être tous ensemble.

La vie sans toi

Été 2014

Cet été, je ne voulais pas partir. Il était prévu que les filles partent avec des copines, elles ne seraient donc pas en manque et moi, je n'ai envie de rien, sinon rester à la maison, avec toi. Mais Papa, pour me faire plaisir, a décidé que nous partirions une semaine et nous allons nous disputer à ce sujet :

— *Tu aurais dû comprendre depuis le temps que plus rien ne me fera plaisir, jamais !*

Et c'est vrai. J'ai perdu toute sensation de bonheur, de plaisir, je ne ressens plus rien. Je ne sais pas où je suis bien, si je suis heureuse de me lever le matin, d'aller travailler. Pendant toute ta maladie, les gens me demandaient comment j'allais. Je répondais : « *Je ne sais pas, je ne me pose pas la question* ». Aujourd'hui, je peux répondre : je vais mal. Et c'est comme ça. Alors on me dit que ce n'est pas possible de vivre comme ça, non, que je dois m'obliger à retrouver un semblant de vie. Pourquoi, pour qui ? Chaque seconde, je te vois, de l'autre côté du miroir, si proche de moi que je pourrais attraper ta main. Mais la vérité, c'est que je ne peux pas traverser ce miroir pour te rejoindre et le chagrin me submerge. Mes yeux s'embuent, je retiens mes larmes, ma gorge se noue, j'essaie de penser à autre chose pour ne pas perdre la face et surtout, pour que les autres ne s'en rendent pas compte, et cela me demande un effort surhumain. Pour l'instant, j'en suis là, de ce « travail de deuil ». Toutes les théories ne remplaceront jamais la réalité de ce que l'on vit et ressent.

Quelques jours avant de partir à la mer, Clémentine est venue se blottir contre moi. Ses yeux sont rouges, je la laisse venir à moi, doucement – ce n'est pas dans ses habitudes – je ne dois surtout pas briser ce faible lien de confidence qu'elle est en train de tisser avec moi.

— *Maman, on part un quel jour ?*

Je comprends où elle veut en venir, mais je laisse les mots sortir de sa bouche.

— *On part du 9 au 16 août.*

— *Ah ! Alors on sera à la mer pour l'anniversaire de Florent. Comment est-ce qu'on devra être, parce que normalement, un anniversaire, c'est heureux et là on sera triste parce que c'est triste que Florent soit plus là…*

Et elle se met à pleurer, très fort. C'est la première fois qu'elle laisse aller son chagrin.

— *Tu sais Clémentine, c'est normal d'avoir envie de pleurer parce qu'on ne pourra plus jamais souhaiter son anniversaire à Florent. Mais l'important, c'est qu'on pense à lui. Et puis, là tout de suite, est-ce qu'il y a une belle image de lui qui te vient à l'esprit, un moment où tu avais beaucoup rigolé avec lui ?*

— *Ben oui, j'en ai plein !*

— *Alors, c'est à ces moments-là qu'il faut que tu penses, c'est ce qu'il faut garder de lui. Et puis, on va acheter des bougies et des ballons et on fera une petite cérémonie pour lui dire qu'où qu'on soit, on n'oubliera jamais de lui fêter ses anniversaires.*

La veille de notre départ, je suis passée au cimetière, déposer une lettre et des photos :

Ce dimanche 10 août, tu aurais eu 19 ans. Mais la maladie a décidé de t'arracher à la vie, peu après tes 18 ans. Et dorénavant, les 10 août, nous ne fêterons plus ton anniversaire, mais tes années d'absence.

Lorsque je ferme les yeux, je te vois, avec ce sourire qui illuminait tout ton visage.

Lorsque je les ouvre, je te cherche là-haut, à travers les nuages et te demande de m'envoyer un rayon de soleil, pour me dire que tu es là.

Aujourd'hui, les âmes de tous ceux qui t'ont accompagné durant ton combat seront réunies pour penser à toi. Je te l'avais promis, jamais on ne t'oublierait.

Il est bien difficile pour nous ici-bas, d'être aussi courageux que tu l'as été toi.

Tu nous manques douloureusement.

Aujourd'hui, plus que jamais, je suis là, près de toi et je te tiens la main, souviens-toi de tout cet amour que l'on s'est donné. Il est là, bien au chaud, dans mon cœur.

Mon ange, mon champion du monde, mon Zizou, mon Poussinet, je t'aime, je t'aime, je t'aime…

Ta Mam's

L'été de tes 16 ans

10 août 2011 : où es-tu ? Dans l'ambulance qui te mène à Paris, à l'Institut Curie. Rien de plus normal pour un anniversaire !

Mais on l'aura constaté pendant ces trois ans, la maladie se moque pas mal du calendrier des fêtes ou des anniversaires, elle t'aura tout enlevé, même cela.

Tu as effectué ta dernière chimio le 6 août, entre-temps, tu avais fait une méningite d'où l'obligation d'être relié à des perfusions pour les antibiotiques pendant au moins trois semaines. Cela fait presque deux mois que tu fais la navette entre Neuro et l'IHOP sans rentrer à la maison. Tu n'en peux plus…

Je t'accompagne, l'ambulance avale les kilomètres à toute vitesse, en fin de matinée, nous voici dans le bureau de la pédiatre en charge de ton dossier.

Elle se prénomme Charline et le hasard fera que nous la retrouverons d'ailleurs à l'IHOP deux ans après…

Les premières questions arrivent :

— *Quel âge as-tu Florent ?*

— *16 ans aujourd'hui.*

— *Et bien ! Tu parles d'un anniversaire ! Ce n'est vraiment pas de chance.*

Oui, ce n'est vraiment pas de chance, mais de la chance, on n'en a pas, on le sait. Pour toi, c'est la première fois que tu viens à Paris, et j'ai décidé de t'emmener sur les bateaux-mouches. Je demande à Charline « d'alléger » la prescription des antibiotiques afin que tu sois libéré de tes « chaînes » la journée et que nous puissions un peu visiter la ville. Il est prévu que nous restions trois jours.

Paris, nous allons y séjourner deux mois ½, de septembre à novembre 2011. À l'annonce de la nouvelle – Le Dr LC m'avait appelée à 9 h du soir –, je m'étais effondrée.

— *C'est une super nouvelle !* me disait le Dr LC. *Vous ne vous rendez pas compte ! Ils prennent très peu de dossiers, c'est une vraie chance !*

— *Mais deux mois à Paris toute seule avec Florent, loin de ma famille, des amis, comment je vais faire ? En plus, avec une équipe médicale qu'il ne connaît pas. Je ne vais pas pouvoir gérer.*

Personne ne nous a demandé notre avis. Nous irions à Paris, un point c'est tout. Pauline m'avait dit un jour qu'elle souhaitait les meilleurs médecins et les meilleures thérapies pour Florent, je ne peux pas le lui reprocher.

Mais une fois de plus, les décisions tombaient sans que l'on puisse les discuter. Pour moi, cela a été source d'angoisse. Mais c'était la dernière ligne droite, il fallait foncer.

Ce rendez-vous du 10 août 2011 était destiné à prendre les mesures de ton crâne, fabriquer le masque que tu devrais porter pendant les séances et calculer les doses de protons. Nous avions déjà rencontré la radiothérapeute en juin avec papa, Claire A., qui allait devenir ta nouvelle ennemie…

Pendant ce séjour à Paris, nous allons loger à la Maison des parents Pierre et Marie Curie, dans le quartier de la Sorbonne.

Nous disposons d'une petite chambre de 10 m2, nos deux lits face-à-face, et un petit coin sanitaire. Pour le reste, ce sont des parties communes : cuisine, coin télé. La majorité des enfants sont des petits et très vite, tu ne vas pas supporter la promiscuité. Tu ne descendras de ta chambre que pour manger (lorsque la cuisine sera vide) et pour regarder quelques matches de foot à la télévision – après t'être imposé – et avec la complicité de quelques papas.

Nous allons alors organiser nos journées. Les lundis matin, Fernand, notre taxi nous récupérait à la gare, nous déposait à l'institut Curie pour la séance de rayons – que tu subissais toujours avec une à deux heures de retard… – et nous déposait au retour à un arrêt de bus. La veille, nous avions décidé de ce que nous allions visiter le lendemain : tous les jours, un nouveau programme, pour finalement, mettre Paris dans notre poche. Je me souviens de ces bars où tu m'entraînais pour pouvoir regarder les matches de foot… Que ne m'as-tu pas fait faire ? Les lignes de RER n'avaient plus de secret pour nous. Tous les lundis, nous faisions notre soirée cinéma. Nous avons tout fait pour que le temps passe vite. Et les vendredis, retour à la maison pour le week-end.

Enfin retrouver notre maison, les filles et papa, Jess et les copains. Nous allons inlassablement répéter ces voyages jusqu'à mi-novembre.

De ces mois en tête à tête, je garde de bons souvenirs, même si cela n'a pas été facile. Nous avions fait appel à une association de l'hôpital pour que tu puisses avoir des professeurs qui viennent te donner des cours à la maison des parents.

Tu t'es accroché, tu voulais à tout prix pouvoir raccrocher les wagons pour ton retour au lycée aux vacances de la Toussaint. Et tu y es parvenu.

Mais pour toi, le souvenir qui te restera de Paris sera ce crâne chauve, sur toute la partie droite, qui t'empêchera de redevenir un enfant comme les autres. Entre ce que l'on nous avait expliqué, ce que l'on en avait compris, et les réelles séquelles, une énorme différence !

Les consultations de suivi avec Claire A. vont se révéler à chaque fois très difficiles. Elle ne comprend pas tes réactions face aux séquelles laissées par les rayons :

— *Il est en vie, c'est tout ce qui compte !* me disait-elle.

— *Qu'il soit en vie, pour moi, je n'ai pas à en remercier Dieu, il n'y a rien de plus normal pour un enfant de 16 ans. Par contre, encore faut-il qu'il vive ! Actuellement, Florent est tellement complexé qu'il vit caché sous sa capuche, même avec la famille ou ses amis, ce n'est pas une vie. Il me semble que les explications que vous nous aviez données sur le traitement sont assez loin de la réalité. Si vous aviez dit à Florent qu'il allait rester chauve, je doute qu'il ait accepté de le suivre.*

— *On n'avait pas le choix, on ne pouvait pas prendre le risque d'une récidive à cet endroit.*

— *Oui, mais nous, on aurait aimé avoir le choix.*

À chaque consultation de suivi à Paris, Florent refusera de lui parler, ni même de la regarder. Il ne la considère pas comme celle qui l'a sauvé, mais comme celle qui l'a rendu différent des autres et il ne lui pardonnera jamais.

Le retour à la vie normale…

Fin de la radiothérapie – 14 novembre 2011 – retour à la vie normale. Et tout à coup, un immense vide. De la même façon que l'on n'est pas préparé à l'annonce de la maladie, on n'est pas préparé non plus à la fin des traitements. Comment, ça s'arrête maintenant ? Il n'y a pas de consultation de bilan ? On ne se dit pas au revoir, on ne va plus faire de prise de sang, on ne se voit plus ? Je ne marque plus de rendez-vous sur mon agenda ?

Dans le TGV qui nous ramène à Lyon pour la dernière fois, j'envoie un SMS à la famille et à tous les amis pour les remercier d'avoir été à nos côtés pendant cette épreuve. Oui, ce moment que l'on a tant attendu est enfin là, le traitement est terminé. Je n'enverrai plus de SMS quotidien pour donner les nouvelles du jour. Il va falloir redémarrer notre vie. Mais marqué par toutes les intempéries auxquelles on a dû faire face, on a un peu peur de se relancer dans cette autre vie…

Oui, le retour à la vie normale est assez violent. On passe d'une vie où tout est planifié – à tel point d'ailleurs, que l'on n'a plus de vie – au vide le plus complet.

Et l'on ne sait plus faire. Pendant un an, les équipes médicales ont organisé notre vie dans les moindres détails, pas une seconde pour penser à autre chose qu'à la maladie. On est conditionné. Et notre environnement, c'est l'hôpital.

Je connais chaque recoin de l'IHOP, c'était devenu ma deuxième maison. Avec une maman devenue une amie, nous avions rebaptisé l'IHOP « *Chez Léon* ». Cela sonnait un peu comme un restaurant, ou une pension familiale, mais non, désolé, nous on ne va pas au restaurant le soir ou à l'hôtel, on va à l'hôpital…

Les guerres qui pouvaient éclater dans le monde, les séismes, les tempêtes, on n'était plus au courant. On était dans notre bulle, coupé du monde. D'ailleurs, nous, la guerre, on en vivait une d'un autre genre, en direct…

Je me souviens avoir dit un jour à Florent pour l'encourager : « *À ta dernière chimio, on boira le champagne !* ». Moi qui ne bois jamais une goutte d'alcool, j'aurais trempé mes lèvres pour fêter l'événement. Mais même cela, on nous l'a gâché.

Cette première semaine d'août, tu effectues ta énième chimio prévue dans « le protocole ». Quelques semaines avant, une grande discussion avait eu lieu avec Pauline. Il te restait deux chimios à faire, mais le planning des rayons à Paris étant fixé à mi-septembre, tu n'aurais pas le temps de les faire à Lyon. La solution était alors de les faire à Paris ou après la protonthérapie.

Tu expliques à Pauline que recommencer les chimios après deux mois d'interruption, ce sera trop dur, que tu préfères terminer ton traitement avant de partir à Paris. Et les faire à Paris avec une équipe médicale que tu ne connais pas, hors de question ! Oui, mais on ne décalera pas le calendrier de Paris. Alors, comment faire ? Encore un bras de fer. Ces protocoles, je n'en peux plus. Jusqu'au bout, il faudra que tu entres, coûte que coûte.

Tu interroges Pauline sur l'incidence de ne pas effectuer ces deux dernières chimios. Elle va répondre de façon très directe :

— C'est simple. Peut-être que toutes les chimios que tu as faites depuis ton opération, tu n'en avais pas besoin. Peut-être que les deux que tu ne feras pas feront que tu récidiveras dans deux mois.

C'est clair et net. Mais cela me met en colère. Tu ne refuses pas de faire tes chimios, tu veux simplement les terminer avant de partir à Paris et il doit bien y avoir une solution.

Nous n'aurons pas de réponse ce soir-là. Mais lorsque le 6 août, tu viendras en chimio, l'interne t'annoncera que c'était la dernière. On ne nous avait pas prévenus. C'est la période des vacances d'été, le service est désert et Pauline est en congé. Pourquoi ne nous a-t-elle rien dit ? Que va-t-il se passer maintenant ? On se revoit quand ? Aucune réponse. Nous allons quitter la chambre sans avoir revu un médecin ou une infirmière. Pas d'au revoir ! Pas de bonne chance ! C'est fini. On a passé une année ensemble et l'on se quitte dans le plus grand anonymat.

La liberté retrouvée…

Le lycée

Nous sommes de retour à la maison aux vacances de la Toussaint. Le médecin qui a signé ta sortie à l'Institut Curie te conseille de te reposer cette fin d'année et de reprendre les cours en janvier. Non, tu veux retourner au lycée le plus tôt possible. Et c'est ce que tu vas faire. Enfin retrouver tes copains et la même vie qu'eux ! Pendant toute ta maladie, tu me disais :

— *Je ferais n'importe quoi pour retourner au lycée ! Les copains, eux, rechignent à y aller, s'ils savaient comme j'aimerais être à leur place !*

Mais il ne va pas s'avérer évident de laisser derrière soi un an d'angoisses. Si pour moi, il est difficile de sortir du contexte médical, pour toi, ce sera pire. Tu vas paniquer au moindre mal de tête, à la moindre fatigue et nous allons être reliés par les SMS que tu vas m'envoyer parfois jusqu'à dix fois/jour. Je devrais à chaque fois te rassurer, te convaincre que tu es capable de tenir l'heure de cours. Au début, je viendrais te chercher au lycée quand l'angoisse est trop grande, puis ayant repris mon travail, ce seront de longues négociations au téléphone pour que tu tiennes. Papa est sur place au lycée, mais c'est moi que tu appelles.

Nous avons demandé l'autorisation au proviseur que tu gardes une capuche pour cacher ta calvitie. De plus, les rayons ont provoqué une brûlure au second degré et je dois appliquer deux fois par jour tulle gras et pansements.

Tu te feras souvent interpeller par des professeurs qui ne sont pas au courant de ton autorisation spéciale et qui te demanderont de te découvrir la tête en application du règlement. Tu choisiras de ne pas répondre « *je n'ai pas à me justifier* », mais cela te heurtera fortement. Pendant presque six mois, tu garderas une capuche, ou une casquette, même en famille ou avec les copains. Cela devient obsessionnel et cause de dispute entre nous. Je te répète que tu n'as pas à avoir honte de ton corps, c'est la maladie qui devrait avoir honte de ce qu'elle a fait ! Et tes copains ont connu le Florent d'avant, ils t'aiment pour ce que tu es, pas pour ton image. Mais pour un adolescent, l'aspect physique est tellement important.

C'est ce que j'expliquerai maintes fois au Dr Claire A.

Je ne suis pas certaine qu'au moment de prendre la décision, les médecins aient abordé la question des séquelles et des répercussions sur la vie sociale. Sinon, ils auraient peut-être réfléchi à cibler au plus juste la zone à irradier et à la délimiter plus « proprement », et non en forme « de dentelle ». Plusieurs fois, j'aurais l'occasion de parler de ce fort complexe à Pauline. Elle n'en mesurera pas l'importance, jusqu'à ce qu'elle te pose la question un jour en consultation de suivi :

— *Sur une échelle de 1 à 10, à combien côtes-tu ton mal-être ?*
— *À 10.*

Elle reste abasourdie :

— *Florent, ce n'est pas possible de vivre comme ça. En tant que médecin, je ne peux pas me satisfaire de ta guérison si je sais que tu ne vis pas heureux. Il est sans doute nécessaire que tu en parles à un psychologue. Nous avons un nouveau collègue parmi l'équipe, Jérémy. Je te demande de le voir une fois, fais-le pour moi. Ensuite, c'est toi qui choisiras de continuer ou pas.*

Et tu vas le faire. Tu verras Jérémy trois fois jusqu'à ce que tu décides que tu n'en as plus besoin. Puis de la capuche, tu vas passer à la casquette. Jusqu'à ce que Papa te pousse à aller essayer des perruques.

Nous voici donc un samedi après-midi dans la boutique. Tu essaies plusieurs modèles, mais n'arrives pas à te résoudre. Je suis assise derrière toi, tu me regardes dans la glace, cherchant mon assentiment. Je pleure, c'est trop difficile. L'image que me renvoie le miroir n'est pas la tienne, c'est un autre Florent auquel j'ai bien du mal à m'habituer.

Ce n'est pas le genre de coupe que tu avais l'habitude de porter, toi qui étais sportif, les cheveux coiffés comme tes idoles footballeurs, tu prends le visage d'un garçon BC-BG. Tu pleures aussi, et comme d'habitude dans ces moments d'émotion, c'est Papa qui va te décider, sans ménagement, te disant que tu n'as pas le choix, que ce n'est plus une vie de vivre caché.

Finalement, tu vas finir par t'habituer à cette perruque. Un jour, tu vas me dire :

— *Dis, maman, qu'est-ce que je vais dire à mon fils le jour où il me demandera pourquoi je n'ai plus de cheveux ?*

— *Tu lui diras que c'est une blessure de guerre et que tu en es fier, parce que cette guerre-là, personne d'autre que toi n'aurait pu la gagner.*

Cette guerre… Oui, des blessures de guerre, tu en avais partout sur ton corps, tu n'aurais jamais pu l'oublier. Je te revois un soir, une quinzaine de jours avant ton départ. Tu étais invité à l'anniversaire d'Alexis et tu voulais y aller à tout prix. Comme d'habitude, tu avais dormi toute l'après-midi et avais programmé ton téléphone pour qu'il te réveille une heure avant. Tu es couché dans mon lit, tu es à bout. Mais tu veux quand même aller te doucher. Je te mets dans le fauteuil roulant et te pousse jusqu'à la salle de bain. Là, j'installe deux chaises : une dans la douche et une devant le lavabo. Oui, il va falloir procéder par étape, car tu n'as plus de force. Je t'aide à entrer dans la douche et te laisse seul. Même si je laisse la porte entrouverte, je tiens à te laisser un semblant d'intimité. Tu m'appelles quand tu as terminé, je te tends la serviette, sans regarder et t'aide à t'asseoir devant la glace. Tu avais choisi de te faire tout beau : ton short blanc et le tee-shirt bleu roi acheté en vacances.

Puis tu mets ta perruque, un peu de parfum, tu es prêt. Qu'est-ce qui fait que tu as encore le courage, face à ce corps qui s'en va, de garder toute ta dignité ?

Tu es beau, pour mes yeux de maman, tu es le plus beau et j'ai du mal à cacher mon émotion.

Mais tu ne parviendras pas à descendre les escaliers. Tes jambes ne répondent plus, mais il faut descendre. Alors papa soutiendra le haut de ton corps et moi je ferai avancer tes pieds, marche par marche. Je suis assise sur les marches et descends en même temps que toi. La difficulté pour papa est de te tenir sans te faire mal, tout le haut de ton corps est couvert de tumeurs et la douleur est insoutenable.

Nous voici enfin dans le salon, nous t'installons sur le canapé. Je colle sur ton torse et ton dos tous les patches analgésiques que je peux… C'est inhumain… Voyant ton état, je te propose d'attendre un peu, tant pis si tu arrives après l'horaire convenu, « *Alexis comprendra* ! ». Non, tu tiens à arriver à l'heure. Alors tu vas rassembler tout ton courage. Papa va t'installer dans la voiture et c'est parti. Papa gardera l'image de ton arrivée parmi les copains. Un grand silence. Tous seront remués de te voir dans cet état, jusque-là, rien n'était transparu de cette fin imminente. Aucun ne saura jamais tous les efforts qu'il t'aura fallu pour être devant eux ce soir, mais c'est ta façon de leur dire que tu les aimes, tu es là, avec eux, dans tous les événements de leur vie.

Après ton départ, je me retrouve seule à la maison et je m'effondre. J'en veux à la maladie, à la terre entière, à ce Dieu dont je ne sais pas s'il existe (un jour, je t'ai dit que s'il m'était donné de me trouver face à lui, je lui mettrais mon poing dans la figure)… et à Pauline.

À la fin des congés d'été, j'avais demandé une entrevue avec elle, Maxime et Papa. Je voulais lui demander de ne pas laisser la maladie te laisser devenir un monstre, tu ne le méritais pas. Tu étais beau, tu aimais manger, le sport, la vie et les copains. La maladie t'avait enlevé tout cela. Mais ce qu'elle était surtout en train de t'enlever, c'était ta dignité et cela, je ne pouvais pas le laisser faire. Oui, j'étais en train de lui demander de t'enlever la vie. Même si je savais que j'en mourrais moi-même. Mais ce peut aussi être un geste d'amour. Ne plus vouloir que tu souffres. Est-ce que c'est humain et digne de vivre le crâne déformé par les tumeurs, cracher du sang, devenir incontinent, paralysé, à 18 ans ?

— *Déontologiquement, je ne peux pas le faire*, me dit-elle.

— *Oui, je sais, mais vous n'êtes pas obligée de nous le dire quand vous le ferez.*

Les premières paroles que m'a dites Maxime lorsqu'il est venu constater le décès, c'est :

— *Ce n'est pas à cause de la morphine qu'on lui a installée hier qu'il est mort.*

— *Et quand bien même ! Il fallait que cela s'arrête.*

Je l'ai souhaitée, cette mort, de la même manière que j'ai espéré celle de ma mère.

Parce qu'il arrive un moment où l'on ne peut plus supporter de voir souffrir ceux qu'on aime.

Sans doute que si l'on avait arrêté ta vie, Florent, avant que tu ne deviennes un monstre, je n'aurais pas toutes ces images atroces de ta fin tatouées dans ma mémoire, sans doute que tu serais parti plus serein. J'aurais voulu tout simplement que tu t'en ailles pendant ton sommeil, pendant tes rêves, sans te voir dépérir, avec tous ceux qui t'aimaient autour de toi. Je t'aurais tenu la main, comme je te l'avais promis…

Le manque est tellement insupportable que je me dis parfois : qu'est-ce qui serait mieux ? Que tu sois encore en vie, mais dans l'état de souffrances des derniers jours ou maintenant que tu as fini de souffrir, mais que tu n'es plus là ?

Le manque, c'est pire que tout. C'est attendre que tu sortes de ta chambre. C'est avoir envie de partager une nouvelle. C'est avoir envie de te demander ton avis. C'est te demander que tu m'aides à gérer tes sœurs… C'est avoir envie que tu me dises : « *M'man, arrête de stresser !* ». Notre complicité me manque. À qui puis-je parler de ces choses que nous n'avons partagées que toi et moi ?

C'est un peu comme un livre que nous n'aurions lu que toi et moi. Aujourd'hui, avec cet écrit, j'en ai révélé quelques pages, le dénouement, tout le monde le connaît. Mais ce que nous avons partagé pendant ces milliers de secondes nous appartient à tout jamais.

Lettre d'adieu de Florent :
« à ouvrir après la guerre… »

22 mai 2013

À l'attention de mon père, de ma mère et de mes deux petites sœurs. Si vous lisez cette lettre, cela voudra dire que la maladie l'aura emporté. Je vous adresse cette lettre, car vous avez été les premiers soldats combattants à mes côtés pendant cette guerre contre la maladie. Bien sûr, il y a eu d'autres soldats avec moi pendant cette période.

Je ne peux citer qu'en premier Jessica, mon amour, qui s'est battue avec moi et qui a réussi par moment à me faire oublier et me changer les idées. Je t'en remercie, car je pense que tu aurais rêvé mieux comme relation à cet âge-là.

Vient ensuite ma famille : tatie Corinne et tonton Alain qui sont venus nombre de fois me voir à l'hôpital. Mon cousin Benjamin et mes cousines Justine et Géraldine qui venaient me faire rire dans les moments de déprime.

Tatie Nathalie, avec Clotilde et Bastien, qui ne savaient pas quoi faire, mais m'apportaient leur amour et leur soutien.

Papy et Gisèle, que je n'aurais jamais dû voir pleurer sans cette foutue maladie.

Grand-père et grand-mère, qui étaient certes maladroits, mais qui faisaient leur possible pour me soutenir.

Je passe maintenant à ma seconde armée, mes amis. Je suis obligé de tous les citer, car ils ont été aussi importants les uns que les autres : Joris, Johan, Alexis, Ludo, Alexandre, Florian, Jehan, Jérémy, Julien, Mathieu, Guillaume, Romain, Estelle, Léo, Keltoum, Emma, Adrien, Imran, Quentin, Mehdi, Coraline, Floriane et Nadir.

Tous m'ont soutenu d'une façon ou d'une autre.

Cela pouvait aller des sorties, des visites ou à de simples petits messages. Sans eux, la guerre aurait été beaucoup plus courte.

Je citerais aussi Guess, mon chien, qui m'a fait beaucoup rire.

Je tiens à m'excuser auprès de toutes ces personnes que j'ai fait souffrir, qui se sont inquiétées pour moi.

Je m'excuse auprès de mes sœurs, que je n'ai pas pu protéger comme un grand frère doit le faire.

Je m'excuse auprès de ma mère, qui a été la personne que j'ai fait le plus souffrir, mais qui n'a jamais lâché et m'a toujours accompagné.

Je m'excuse aussi auprès de mon père de ne pas avoir pu partager les moments de complicité qu'un père et un fils doivent avoir.

Je suis désolé auprès de toutes ces personnes d'avoir échoué dans ma mission et de ne pas avoir su vaincre cette maladie. Ne vous en voulez surtout pas, vous avez chacun fait ce que vous avez pu.

Je vous aime tous.

Ne m'oubliez pas.

Florent.

Désolé à tatie Mercédès, Jean-Claude, Momo, Jacques, Tonton Poli et Berthe que j'ai oubliés dans ma lettre, mais jamais dans mon cœur.

Je me souviens de cette après-midi où tu as écrit cette lettre.

Nous revenions d'une consultation avec un neurochirurgien pour adulte que Pauline souhaitait que tu voies pour les « petites bosses » sur la tête. À l'examen – et vu la grosseur des bosses –, il n'a pas voulu s'avancer, il a prescrit une biopsie.

Ce jour-là, j'ai craqué pendant la consultation et ai dû quitter le bureau, te laissant seul avec papa. Je n'en pouvais plus. Je ne me suis pas retenue, tu avais l'habitude de mon fonctionnement, ce n'était pas la première fois que je me ruais vers la porte pour hurler ma douleur dehors.

Tout cela n'allait donc jamais se finir ? Une fois de plus, mon intuition me disait que c'était grave.

Je ne supportais plus d'entendre et de voir les médecins faire comme s'ils ne savaient pas ce qui se passait.

On est dans un hôpital spécialisé dans le cancer, des bosses sur le crâne d'un enfant déjà en récidive sur des côtes ne peuvent pas être de simples bosses. Alors, pourquoi ne pas nous le dire tout de suite ? Pourquoi programmer encore et encore des radios, biopsies, qui se dérouleront dans x jours ? Reculer l'annonce du verdict pour nous épargner quelques jours de plus ? Attendre encore et encore. Et cette attente ne sert qu'à nous torturer l'esprit. À avoir le ventre qui se noue jusqu'à la suffocation. Une douleur dans la poitrine à en hurler. Pourquoi le destin s'acharnait-il à ce point ?

Pendant pratiquement deux ans, tu auras passé ton temps dans les bureaux de consultation ou à passer des examens, à attendre que l'on t'annonce une énième catastrophe.

Souvent tu me disais : « *on aura passé notre temps à attendre* ! ». Oui, c'est vrai. À tel point que maintenant, je ne peux plus. Je ne supporte plus les voitures qui se traînent devant moi, qui ne démarrent pas au feu vert. Je ne supporte plus d'être dans les bouchons. Je ne supporte plus les files aux caisses des magasins. Je ne supporte plus que l'on me prenne une seconde de MON temps.

Je te revois à ton bureau, en train d'écrire :

— *Tu fais tes devoirs ?*

— *Non, j'écris une lettre pour toi. Tu pourras la lire.*

— *Pour quoi faire ? Tu peux me dire les choses sans les écrire.*

— *Non, c'est pour quand je serai mort.*

Je reste abasourdie. Mes pleurs de tout à l'heure chez le neurochirurgien t'ont fait comprendre ce que je pressens et sans doute le pressens-tu toi aussi…

— *Mais qu'est-ce que tu racontes ? Tu ne vas pas mourir. Allez viens, on va se faire un câlin !*

— *Alors je la range là, dans mon tiroir, tu la liras quand je ne serai plus là.*

Et c'est la première chose que j'ai faite à ton décès. Je suis montée dans ta chambre, j'ai ouvert le tiroir de ta table de nuit et ai pris la lettre. Sur l'enveloppe, tu avais écrit : « *à ouvrir après la guerre* »… Les yeux troublés par les larmes, je n'arrivais pas à lire, mais c'était ce que tu m'avais laissé à moi, rien qu'à moi, ma dernière mission pour toi… Bien souvent pendant ces trois années, j'avais parlé à ta place, les médecins me l'avaient assez reproché. Alors j'ai reçu cette mission comme un cadeau, comme si tu me disais : « *pour la dernière fois, tu vas être ma voix !* ».

Oui, le 22 mai 2013, deux semaines exactement avant que l'on t'annonce que tu étais condamné, tu avais écrit cette lettre d'adieu. Et imaginer ce qui se passe dans ta tête à ce moment-là est tout simplement insupportable…

Et tu n'as oublié personne. Je n'ai cessé de dire à tous ceux qui nous ont accompagnés pendant ces trois années, combien leur présence nous avait aidés, eux qui s'étaient sentis si impuissants. Et ta lettre le leur prouvait.

Ce combat, nous n'aurions pas pu le mener seuls. La famille, les amis ne savaient pas quoi faire pour nous aider ou auraient aimé faire plus. Je leur disais simplement que savoir que l'on pensait à nous nous aidait énormément.

À aucun moment, nous ne nous sommes sentis seuls, même si les situations que nous vivions ne pouvaient pas être partagées ou même imaginées par d'autres ! Nous avions tout cet amour autour de nous qui nous portait. Et nous donnait des raisons de nous battre.

Tes copains ont été extraordinaires. Ils se sont lancés avec toi dans cette aventure, dépassant leur peur et faisant preuve d'un courage que certains adultes n'ont pas eu... Lorsque tu as perdu tes cheveux, ils avaient même émis l'idée de tous se faire raser la tête, pour être comme toi ! Ils sont parvenus à te regarder comme si la maladie ne changeait rien en toi. Ils ont continué à te faire participer comme ils pouvaient à leur vie, à la vie tout court...

Je n'oublierai jamais les soirées où Catherine et Alex apportaient Mac Do (les frites te faisaient envie et tant pis si elles ne passaient pas la nuit dans ton estomac !), où les copains débarquaient avec les pizzas et où nous partions nous installer dans le hall de l'IHOP. J'étais toujours extrêmement émue de toutes ces marques d'amitié.

En même temps, avec eux, même si le contexte du lieu ne pouvait pas faire oublier la maladie, tu ne parlais jamais de tes souffrances, de ce que tu endurais. Pas question de te plaindre ni de raconter l'irracontable.

Te montrer debout et fort, c'était cette image que tu voulais qu'ils aient de toi. Je pense que tu leur as donné une grande leçon de courage.

Les blagues que t'envoyait Joris sur ton téléphone t'arrachaient un sourire pendant tes chimios. Les vidéos que t'envoyait Alexandre depuis les vestiaires des terrains de foot les samedis après-midi te faisaient pleurer. Souvent, les matches t'étaient dédiés... et moi je pleurais aussi...

Mais que c'était bon de recevoir toutes ces marques d'amitié et d'amour ! Tes amis t'apportaient ce que moi je ne pouvais pas t'apporter : une fenêtre sur l'extérieur, la sensation d'être encore un adolescent, même par procuration… La maladie t'avait coupé les ailes en plein vol. Et elle l'a fait à tout jamais…

Moi, j'avais ma famille et surtout mes sœurs. Sans elles, je n'aurais jamais tenu. Elles ont vécu le drame dans leur propre chair. Elles n'ont jamais relâché leur soutien. À chaque seconde du combat, elles ont été là, je leur ai tout fait partager, même si j'ai tenté aussi de les épargner.

Avec papa, cela a été plus compliqué. La première chose que l'équipe médicale m'a dite a été de faire attention à mon couple, que peu résistaient à cette épreuve de la maladie d'un enfant. Dès le début, papa et moi ne nous sommes pas compris. Il a mis du temps à réaliser que c'était grave, que tu pouvais perdre la vie.

Étant donné que j'avais fait le choix de t'accompagner dans tous tes soins, il était « épargné » des discours des médecins, de tes souffrances… Il aura fallu attendre l'été 2011 pour qu'il prenne le relais. J'étais épuisée et la pédopsychiatre nous avait mis face à face pour nous aider à parler. Il s'est alors plus impliqué et passer du temps « sur le terrain » vous fait vite prendre conscience de la réalité.

En même temps, pour lui, sa façon de tenir était de ne pas y penser. Et souvent tu m'as dit :

— *Papa s'en fout que je sois malade !*

— *Non, il ne s'en fout pas, il est juste maladroit. Il ne sait pas montrer ses sentiments et ses émotions. Pour lui, ce n'est pas possible, ce n'est pas dans son éducation.*

Papa ne pouvait pas penser à tout ce qui pourrait arriver, sinon, il s'écroulait. Alors pour faire la parade, il tournait tout à l'humour. Avec toi, il blaguait, parlait foot et s'évertuait à dispenser une humeur joyeuse dans la maison. Avec lui, je ne pouvais rien partager de mes doutes, de mes angoisses ; je l'ai fait avec mes sœurs et Flora. Nous avons vécu cette épreuve côte à côte, en parallèle, sans jamais nous rencontrer. Montrer son émotion, il ne se l'autorisait pas. Moi, j'ai été dans l'émotion pendant trois ans…

En même temps, je n'ai jamais douté de notre amour, à aucun moment. Oui, j'aurais aimé qu'il soit autrement dans cette situation-là. Cela m'a longtemps rongée, mais j'ai fini par accepter que l'important était que chacun trouve sa façon de tenir, de faire face. Et si j'ai pu m'occuper de toi comme je l'ai fait, c'est aussi parce que je savais que papa assurait avec les filles.

L'annonce de ta fin a anéanti papa, mais pour lui, ce n'était pas possible que cela arrive, il ne l'avait jamais imaginé. Moi, j'étais dans « l'hyper » réalité, lui s'accrochait, comme toi, à tout ce que l'on pouvait te laisser entrevoir de miraculeux et je ne l'ai pas supporté. Je le lui ai d'ailleurs dit lors d'une entrevue avec Pauline et Maxime : « *Tu vis dans le monde des Bisounours ! Réveille-toi !* » et cela lui a fait mal. Il m'a répondu qu'il souffrait, mais qu'il ne voulait pas le montrer et il voulait épargner les filles.

En même temps, il ne savait pas avoir un autre comportement. J'aurais aimé parfois que l'on puisse pleurer ensemble, partager notre douleur, parler, cela a été impossible.

Aujourd'hui, rien n'a changé. Moi, j'ai besoin de parler de toi, de te faire vivre dans la maison et dans les événements familiaux. Lui ne cite jamais ton nom, a rebaptisé ta chambre « la salle de jeux ». Lui, c'est le silence. Moi, c'est le cri.

Mais sans doute que cela a été pour toi un équilibre : d'un côté, Papa, avec qui tu pouvais « t'évader », parler de choses légères ; de l'autre, moi, ton accompagnatrice dans la maladie, qui gardait le secret de tout ce que tu ne voulais pas montrer. Et même si ce rôle-là a été le plus difficile pour moi, je n'aurais jamais laissé personne d'autre le tenir à ma place.

Parce que c'était MA place, mon destin. Parce que cela a été une évidence dès le début, je ne me suis jamais posé la question : je serai là près de toi à chaque instant, j'irai soulever des montagnes, j'irai décrocher la lune, si tu me le demandais… Mais tu ne m'as jamais rien demandé de tout cela. Entre toi et moi, tout se passait sans que l'on ait besoin de se parler, comme une évidence. J'ai fait de mon mieux, souvent en me posant la question de ce que je pouvais faire encore de mieux…

Bientôt 1 an...

Septembre 2014

Bientôt un an que tu nous as quittés et pour moi, c'est comme si c'était hier. Je ne sais pas pourquoi, mais ce sont les images de tes dernières semaines qui sont les plus à vif dans ma mémoire et j'ai l'impression de revivre, chaque jour, le compte à rebours jusqu'à ta disparition. Comme si je le vivais une deuxième fois.

La nuit dernière, j'ai rêvé que l'on avait « volé » ta tombe. J'étais devant, il ne restait qu'une dalle posée sur un amas de terre et je ne savais plus si tu étais dessous ! Et je criais autour de moi « *Mais où est-il, où l'avez-vous emmené ?* », comme si tu pouvais être ailleurs que sous cette terre... Oui, mon esprit se bat encore pour que tu sois encore en vie. Il n'a pas lâché, comme toi...

Demain, c'est l'anniversaire de Jessica. Je me souviens de ce soin si particulier que tu avais mis à lui préparer la surprise de ce voyage à Barcelone pour ses 18 ans. Forcément, il fallait que ce soit inoubliable parce qu'il n'y en aurait pas d'autres avec toi... Ce jour-là, tu ne tenais pas debout à cause de terribles maux de tête, mais tu étais sur l'ordinateur et tu tenais à réserver les billets d'avion tout de suite, et chercher l'hôtel, comme pour dire à la mort qu'elle ne pouvait pas t'emmener avant cette date-là, tu étais pris ! Oui, c'est un peu comme si tu prenais rendez-vous avec la mort. Tu ne t'en irais que lorsque tu aurais tout accompli. Mais à 18 ans, a-t-on déjà fini d'accomplir sa vie ?

Bien sûr que tu étais extraordinaire ! Qui aurait pu faire ce que tu as fait ? Continuer à se projeter, même si le temps était compté et entraîner tout le monde avec toi, pour que nous non plus, nous n'arrêtions pas de nous projeter…

Tu voulais terminer tout ce que tu avais commencé. Je me souviens du baccalauréat. Même après l'annonce de ta non-guérison, tu avais décidé de passer tes examens en juin. Bien évidemment, tu avais dû être hospitalisé à ces dates, mais tu as tenu à te représenter en septembre. Mais lorsque nous sommes arrivés pour l'épreuve de philosophie, tu n'as pu tenir qu'1/4 d'heure, les douleurs dans le dos étant trop intenses. De la déception ! Tu t'étais même inscrit à l'IUT et en BTS ! Mais pour toi, il fallait que tu ailles au bout de ce challenge. L'après-midi même, tu étais convoqué au permis de conduire. Je pense que c'était le dernier jour où tu tiendrais encore sur tes deux jambes. Je t'ai déposé à l'auto-école, le cœur serré par tant de courage.

Tu es parti et tu es revenu avec un grand sourire, le moniteur t'avait dit que tu aurais ton permis !

Nous sommes allés fêter cela tous les deux, à la terrasse de « Chez Valentin », de la même manière que nous étions allés boire un verre tous les deux à l'annonce de ta rémission. La boucle était bouclée…

Voilà, tu étais allé au bout de ce que tu avais commencé bien avant que l'on t'annonce que ta vie allait s'arrêter. Et c'est une grande leçon de vie. Tu aurais pu tout abandonner, t'apitoyer sur ton sort, t'effondrer, non tu n'as jamais rien fait de tout cela. Bien sûr, il a fallu du temps pour que tu parviennes à ce raisonnement, jusqu'à ce que tu me dises un jour, dans les couloirs de l'IHOP :

— *Tu sais, Maman, ça y est, je n'ai plus peur de mourir. Alors, maintenant, j'ai décidé de profiter.*

Et tu m'as prise dans tes bras.

Je n'ai rien pu répondre. J'étais adossée au mur devant la porte de l'hôpital de jour. Les larmes ont roulé sur mes joues et je me suis laissée glisser le long du mur. J'ai eu envie de disparaître dans le sol tellement je souffrais. Une maman ne peut pas entendre ces mots-là venant de son enfant, non ce n'était pas possible, et pourtant… Depuis ce jour-là, nous n'avons jamais plus parlé de la mort. Pour toi, cette question était réglée.

Tu nous as entraînés dans ton tourbillon de vie – tu nous as même parfois portés – ne plus regarder derrière, ne pas regarder trop devant… simplement vivre l'instant présent. Mais moi, j'étais toujours dans l'après.

Alors devant ton impatience, j'ai souvent traîné les pieds. Et si tu en faisais trop, et si tu précipitais ton départ ? Tu voulais tout vivre à 100 à l'heure, moi, j'aurais voulu que tu ralentisses parfois, comme si je pouvais prolonger un peu ce temps qu'il nous restait à être ensemble.

Hier, je suis allée voir Bernard, ton entraîneur de foot. Il t'a connu à tes tous débuts. Aujourd'hui, c'est lui qui est malade, atteint d'une tumeur à la tête non opérable. Je n'étais jamais retournée à l'hôpital Neurologique, quelle épreuve !

Heureusement, il n'est pas hospitalisé au même étage que toi, mais quand l'ascenseur s'est arrêté au 2e, je me suis effondrée. Moi qui disais que j'étais « immunisée » contre les hôpitaux, non, ce n'est pas vrai. Chaque instant de tes hospitalisations à Neuro est gravé dans ma mémoire et je nous ai revus arpentant tout l'hôpital. Je disais en plaisantant à Catherine, que nous notre galerie marchande, c'était le Relais H. C'est là que je t'achetais l'équipe et les croissants tous les matins, que je t'avais acheté ton porte-monnaie de l'OL…

Mais je t'ai revu également hurlant de douleur cet été 2011, à cause de l'air présent dans ton crâne et qui t'arrachait des cris chaque fois que tu bougeais. Le Dr M. ne voulait pas modifier ton traitement contre la douleur, estimant « *que cette douleur était normale* »… Aucune douleur n'est normale et justifiable. Il a fallu que je craque et que je déboule dans le bureau des infirmières en les suppliant de t'endormir pour que l'on se décide enfin à appeler une spécialiste de la douleur. Qui a été effarée à son arrivée que l'on t'ait laissé souffrir ainsi…

Oui, tu étais exceptionnel et aujourd'hui, plus que jamais, tu me manques. Nous approchons de la date anniversaire de ton départ et cela amène en nous une nouvelle souffrance.

Décidément, souffrance, douleur, je me rends compte que ces mots reviennent sans cesse dans le récit de ton histoire. Bien malgré toi, c'est le souvenir que tu nous as laissé de toi.

Même en le racontant, personne ne peut imaginer le séisme que provoquent la maladie et le départ d'un enfant, d'un frère, dans une famille. Très longtemps, j'ai cru que j'allais pouvoir tout gérer : être à tes côtés 24 h/24, rester une épouse et une mère présente pour tes sœurs.

Mais la vérité, c'est que l'on est emporté par les imprévus de la maladie qui règne en maître sur notre vie. La seule chose que j'ai su faire, c'est montrer à tes sœurs qu'elles étaient aussi importantes que toi et les mettre sous la protection de Laura et Anaïs, pour qu'elles sachent à qui se confier quand le malaise serait trop grand. J'ai très vite compris que je ne pourrai pas être disponible pour elles comme je le devrais.

Aujourd'hui, un an après, le malaise est toujours présent. Clémentine recommence à ne plus pouvoir dormir. Dans ce séisme familial, qui a duré trois ans, toutes les règles de vie étaient bousculées : il n'était plus question d'horaire de coucher, de repas, on improvisait. L'important était de rester ensemble, proches les uns des autres, pour se donner cet amour qui nous faisait tenir.

Non, un an après, nous n'allons pas mieux.

Margaux est dans des comportements destructeurs, de culpabilité de n'être pas partie elle plutôt que toi et avec l'envie de souffrir autant que tu as souffert.

Pour des enfants de leur âge, tes sœurs ont déjà été confrontées à des situations et des images d'horreur qu'elles n'auraient jamais dû voir – pas faute de l'avoir crié aux médecins ! – mais le mal est fait et c'est maintenant à nous de nous en débrouiller…

J'ai aujourd'hui la sensation d'être arrivée au bout du récit de notre histoire, de TON histoire, même si ta vie ne se résume pas à cette maladie. Bien sûr, avant tout cela, tu as été ; tu as été un enfant désiré, rêvé, puis aimé.

Papa et moi t'avons regardé grandir avec fierté. Oui, dans notre couple, nos enfants ont toujours été placés au centre de notre vie, et jamais nous ne l'avons regretté.

Encore moins aujourd'hui que tu n'es plus là, nous avons vécu ensemble ces 18 années de ta vie, même si les trois dernières sont en train d'effacer les quinze premières…

Bien sûr, je pourrai encore parler de toi des pages entières, mais le but de ce témoignage est de raconter ton combat contre la maladie, pas ta vie. Ta vie, elle nous appartient à nous tes parents, à tes sœurs, à tes amis, à Jessica, à tes oncles et tantes et à tes cousins si chers à ton cœur. Elle restera secrète à ceux qui ne te connaissent pas, car tu étais très pudique. Nous avons eu la chance de te connaître et sommes fiers de ce que tu nous as laissé en héritage, notamment le message d'aimer la vie à tout prix !

Moi, ta maman, j'avais le besoin de laisser une trace de ce combat, car je pense qu'il a été singulier. Dans ce parcours si difficile, personne ne saura jamais ce qui aurait pu être fait de mieux, comme je le dis souvent, on ne peut pas réécrire l'histoire. Mais si cet écrit peut aider, même un tout petit peu, les médecins à comprendre ce qui peut se passer dans la tête d'un adolescent prisonnier de son cancer et les conséquences de cette maladie sur la cellule familiale, alors j'aurai réussi. Est-ce que ma résilience viendra de ce récit ? Je n'en suis pas certaine. Depuis ton départ, je ne suis plus tout à fait présente sur cette terre, mais en ta mémoire, j'ai le devoir de continuer à vivre.

Et maintenant…

27/10/2014

Lundi 15 octobre 2014, je suis assise dans le métro qui nous ramène de la consultation à la Maison des Adolescents du Rhône.

Margaux est à un bout du wagon, moi de l'autre, nous sommes un peu fâchées… Je regarde défiler les stations et me demande ce que je fais là. Pourquoi je suis TOUJOURS à cette place-là, de celle à qui l'on confie sa douleur – quand elle atteint l'insupportable – avec cette croyance que je dispose de pouvoirs magiques ? Pour Margaux, comme pour Florent, je suis la fée qui, de sa baguette, va faire disparaître la douleur…

Margaux va mal, ce n'est pas un secret ! L'année qui s'est écoulée en a été la preuve : décrochage scolaire, amitiés fortement remises en cause, les phases d'euphorie ont alterné avec des phases de grande tristesse, rébellion, besoin de fuir la maison le plus possible, incommunicabilité… J'ai tenté plusieurs fois d'aller à sa rescousse pour finalement me heurter à un mur. Bien sûr que j'ai su mettre des causes sur ces comportements et ne pas lui en vouloir ou ne pas sanctionner, mais quand tout se confond entre la crise d'adolescence et la haine de cette vie qui fait tant souffrir, comment réagir ? Montrer que l'on est là tout simplement, que l'on aime, mais que l'on se doit aussi de poser des barrières pour protéger, parce que l'on reste avant tout des parents.

Trois semaines auparavant, elle m'a parlé et ce qu'elle m'a dit, j'aurais souhaité ne jamais l'avoir entendu. Elle a choisi un moment où nous étions seules toutes les deux. Elle m'a parlé de cette douleur qu'elle ne pouvait plus supporter à tel point qu'elle avait besoin de se faire mal sur son corps : oui, elle se scarifie... Et quand elle le fait, elle se sent soulagée.

Elle me décrira ce geste comme une pulsion, incontrôlable, et dans ces situations-là, elle ne pense pas à demander de l'aide, il n'y a que cette lame qui la soulage. Florent m'avait mise en garde. Il s'en était rendu-compte et il m'avait demandé d'être vigilante.

Jessica me confiera qu'il avait attrapé Margaux lors d'une réunion de famille, l'avait prise à part, et l'avait fortement semoncée. Elle avait promis de ne pas recommencer...

À cette annonce, mon cœur de maman se met à battre très fort : mon bébé se fait du mal et je n'ai rien vu, comment ai-je pu la laisser aller jusque-là ? Une fois de plus, qu'est-ce que j'ai raté ?

Ce soir-là, elle me confiera d'autres choses difficiles à entendre également, comme la cigarette.

Mais sur le moment, bouleversée, j'essaie de trouver les mots pour l'apaiser. Je lui dis que se sentir mal après l'horreur que l'on a vécue, il n'y a rien de plus normal et qu'elle a le droit de le montrer, pourquoi vouloir toujours afficher aux autres que tout va bien ? Non, on ne va pas bien et l'on n'en a pas honte. J'essaie de lui dire surtout que je la comprends, que je ressens la même chose, comment cela pourrait-il en être autrement. Elle m'avouera aussi qu'elle aurait voulu que la maladie la touche elle plutôt que lui, qu'elle voulait avoir mal autant que lui... Non, Margaux, tu ne pourras jamais avoir aussi mal que lui...

Ah ! Cette souffrance, que chacun de nous aurait aimé pouvoir porter à sa place ! Ma colère contre les médecins réapparaît soudain. Oui, je les rends responsables de ne pas avoir épargné les filles de la vision de cette douleur que Florent a portée en lui si courageusement.

À ce sujet, la psychiatre essaiera de me ramener à la raison en me disant que c'est à la maladie qu'il faut en vouloir, pas aux médecins… Pas certain qu'elle y soit arrivée !

J'encaisse toutes les paroles de Margaux, comme des coups à un combat de boxe, puis tout à coup, mes jambes se mettent à trembler.

L'espace de quelques secondes, je revois la scène de l'annonce de l'arrêt des traitements de Florent dans le bureau de la radiothérapeute. Mes jambes aussi s'étaient mises à flageoler et j'avais dû m'asseoir, de peur de m'évanouir. J'étais dans la même situation ce soir-là avec Margaux.

Ce que je venais d'entendre n'était pas pensable et pourtant, il allait falloir y faire face. Je demande à Margaux si elle est d'accord pour que l'on en parle à notre médecin traitant, elle accepte.

Nous rentrons à la maison. Malgré toutes les larmes qui ont coulé, Margaux semble soulagée de m'avoir parlé. Comme si elle avait enfin déposé son fardeau et qu'elle repartait à présent plus légère. Moi, je vais me réfugier dans la cuisine, un verre d'eau pour apaiser l'émotion, à me demander ce que la vie attend de moi. Épreuve sur épreuve. Bien sûr, Margaux n'est pas malade comme l'a été Florent – et heureusement – mais elle souffre, comme lui a souffert et je suis à nouveau dans la situation où l'un de mes enfants souffre. Et que vais-je pouvoir faire ? Cette situation-là, je n'y ai jusqu'à présent jamais été confrontée. Comme je l'ai souvent dit, face au cancer de Florent, je ne me suis jamais posé la question de comment j'allais m'y prendre. J'ai toujours foncé, souvent à l'instinct, et la complicité qui nous liait Florent et moi, me rendait tout possible.

Avec Margaux, c'est différent. Elle est fermée comme une huître. On parle souvent de la place du deuxième dans la fratrie. Margaux en est le parfait exemple.

Elle était en adoration complète devant son frère, qui l'ignorait, et partageait plus de choses avec sa petite sœur, plus « nature » et démonstratrice. Depuis toute petite, Margaux était dans son monde, s'amusant toute seule, puis plus tard, enfermée dans sa chambre avec ses livres.

Il fallait alors la sortir « de sa grotte », on aurait presque pu croire qu'elle n'était pas là !

J'ai donc emmené Margaux chez notre médecin généraliste. Ce n'est sans doute pas la solution la plus adaptée, mais je suis trop inquiète, j'ai besoin qu'elle soit vue. Le courant passe bien avec elle. Margaux avouera qu'elle se scarifie depuis deux ans… autre choc pour moi, je m'effondre, j'ai vraiment tout raté ! Après un entretien en tête-à-tête, nous sortons de la consultation, mais le problème de fond n'est pas réglé : comment aider Margaux ? Comment lui faire promettre qu'elle demande de l'aide la prochaine fois qu'elle se sent trop mal ? Et si elle allait plus loin ? Elle dit maîtriser ce qu'elle fait, je n'en suis pas si sûre…

Et je vais me focaliser sur la cigarette : comment a-t-elle pu tomber dans ce piège ? Je la croyais au-dessus de tout cela, différente de ces ados qui ont besoin de braver les interdits pour exister.

Et puis, son frère était mort d'un cancer, il ne l'avait pas cherché et elle, elle mettait sa vie en danger ! Je lui en veux, je me sens trahie. Moi qui ai basé toute mon éducation sur la confiance, j'ai tout raté !

Je suis désemparée et comme toujours dans ces moments, c'est à Laura que je pense.

Je sais qu'elle va trouver les bons mots pour me faire comprendre ce que Margaux est venue me dire.

À la fin du suivi psychologique, elle savait que Margaux n'avait pas pu exprimer oralement sa douleur et que sans doute cela finirait par sortir, pas forcément comme on l'attendait et sans doute pas tout de suite. Elle ne s'était pas trompée.

Oui, il aura fallu un an pour que cela sorte et elle m'avait choisi, moi. « *Enfin !* » me dira Laura, « *Enfin ! Madame Deslandes, elle a parlé !*

Et même si ce n'est pas ce que vous auriez voulu entendre, même si vous êtes en colère, elle a parlé ! C'est un SOS et même si elle le refuse, on ne peut pas s'arrêter là, elle doit être prise en charge. ». Oui, mais je ne sais pas quoi faire, je suis perdue. Laura m'orientera finalement sur la Maison des Adolescents.

Ce rendez-vous, elle ne veut pas y aller. Il va falloir la convaincre. Je lui explique que ce n'est pas une punition. Je ne sais pas comment l'aider et la Maison des Adolescents peut être une solution. Je lui demande de faire l'effort de venir à ce rendez-vous. Son frère s'était toujours opposé à parler à un psychologue, il l'avait accepté une fois et s'était finalement rendu à trois rendez-vous. Je lui demande de faire l'effort pour moi, si elle ne veut pas y retourner ensuite, ce sera son droit.

Le trajet jusqu'au rendez-vous me replongera dans les trajets à l'IHOP où je conduisais Florent pour ses chimios. Non, désolée, mais je ne veux plus revivre cela.

C'est d'ailleurs ce que je finirai par dire à la psychiatre qui nous reçoit : soit Margaux est partie prenante de ses soins et je l'accompagne, soit elle refuse et je ne rejoue pas le rôle que j'ai joué avec Florent, de la « traîner » à ses soins. Je sens la psychiatre un peu déroutée par mes paroles et le comportement de Margaux qui refuse de lui parler.

On convient d'un autre rendez-vous, Margaux prévient qu'elle ne viendra pas.

— « *Madame, vous pourrez venir seule* », me dit la psychiatre.

— Je suis déjà suivie par deux psychiatres, je n'en ai pas besoin d'une troisième !

— Nous sommes ici pour Margaux, pas pour moi et il est hors de question que je rejoue ce rôle d'intermédiaire que j'ai tenu avec Florent et le corps médical.

La psychiatre me laissera finalement un message, relatant sa gêne quant au déroulement de la séance ; elle souhaite apporter une aide à Margaux et aimerait nous recevoir tous les quatre, avec sa petite sœur et son papa. Je lui explique que ceci nous a été plusieurs fois proposé par les équipes de psychologues, mais cela n'a jamais pu être réalisé. Je questionne les filles, aucune des deux ne veut venir, seul Christophe accepte. J'avoue que je suis déroutée par ce rendez-vous sans Margaux, mais Laura m'explique que le but est de nous faire parler d'elle, pas de nous.

J'attendais une « solution » au problème de Margaux, mais Laura me rappelle à juste titre qu'un psychiatre n'est pas là pour donner des solutions, mais pour aider à comprendre ce qui pousse Margaux dans ses comportements « destructeurs » et à faire la part entre ce qui se rattache à l'adolescence et ce qui ressort du traumatisme vécu par la maladie de son frère.

Mais le grand changement cette fois-ci, c'est que je ne vais pas affronter seule le problème. J'ai convaincu Christophe de m'aider dans cette nouvelle épreuve et j'ai besoin de son soutien.

Cela n'apparaît pas comme une chose facile pour lui ; il a été très remué d'apprendre comment Margaux manifestait sa souffrance, mais je veux qu'il accepte enfin d'affronter, avec moi. Arriverons-nous enfin à nous rejoindre ?

28/10/2014

Cette nuit encore, Clémentine n'est pas arrivée à dormir et j'ai dû la rejoindre dans son lit. Et de façon épisodique, cela dure depuis maintenant presque deux ans… Elle est remplie d'angoisses : que des voleurs viennent l'enlever pendant la nuit, que sa journée du lendemain ne soit pas planifiée, elle s'inquiète quand sa sœur rentre tard le soir, quand elle ne sait pas où je suis, elle se trouve toutes les maladies du monde. Et surtout, elle a fini par m'avouer qu'elle avait la sensation que son frère dormait toujours à côté d'elle. D'ailleurs, dans son lit, elle a condamné un côté avec des doudous, elle n'y dort jamais…

Fin juillet, à l'arrêt du suivi avec Anaïs à l'IHOP, elle m'avait dit : *« Tu sais maman, maintenant, je n'ai plus besoin de voir Anaïs, tout va bien.* ». Bien sûr, ce suivi est lourd pour une petite fille de douze ans. Il l'oblige à chaque fois à parler de choses douloureuses et le lieu ne peut pas faire oublier que c'est ici que Florent a suivi ses traitements. Je sens que l'équilibre est fragile, mais il faut bien un jour que chacun abandonne ses béquilles et vole de ses propres ailes et le temps nous dira si ce n'est pas trop tôt. Mais nous sommes à la période des grandes vacances.

Clémentine se retrouve face à un grand vide et le traumatisme va lui revenir en pleine figure comme un boomerang. L'approche du 10/08, date d'anniversaire de Florent, la plonge dans un grand chagrin.

Elle ne sait pas comment on devra se comporter : aura-t-on le droit d'être triste, même si c'est un anniversaire ? Et puis, on ne sera pas à la maison, alors comment allons-nous faire pour lui souhaiter ? C'est vrai que c'est difficile de détacher Florent du lieu de la maison, comme si on le quittait à chaque fois qu'on en partait.

J'explique à Clémentine qu'où que l'on soit, on pensera toujours à lui et son anniversaire, on pourra lui souhaiter de n'importe où. Il suffit d'installer un petit rituel, avec des bougies, des ballons, des poèmes. Face au néant que nous impose la mort, il faut faire fonctionner son imagination, s'inventer des histoires et des mondes magiques où nous sommes tous réunis.

Sans doute cela peut-il apparaître absurde, fêter un anniversaire à un mort. Mais tout simplement, à la place des bougies sur un gâteau, ce sont des fleurs que l'on dépose sur une tombe.

Mais qu'en est-il de fêter celui dont on sait qu'il sera le dernier ?

Je me souviens de ce 10 août 2013. Nous étions rentrés de vacances la veille et Corinne avait tenu à nous réunir pour que Florent souffle ses bougies. J'ai en mémoire cette photo de lui, entouré de ses sœurs, de Jess et de ses cousins et tous ses cadeaux déballés ; moi qui le connais par cœur, je décode ce regard empli de gravité.

Quelques secondes de souffrance psychologique intenses, puis un sourire va réapparaître sur son visage. À quoi cela sert-il de penser à ce qui va arriver puisqu'on ne peut pas l'empêcher ? Une montre, une plaque où son papa et moi avons fait graver « *Familia para siempre* » – famille pour toujours – c'est la devise qu'il s'était fait tatouer dans le dos, avec cinq étoiles nous représentant tous les cinq. Il avait prévu un autre tatouage, après ce deuxième épisode de la maladie : « *never forget* ». Je lui avais dit qu'il n'avait pas besoin d'un tatouage pour se rappeler ce qu'il avait enduré…

Oui ! Nous avons fêté ses 18 ans, même si, en y repensant, cela peut paraître invraisemblable. Mais dans l'absurdité de cette maladie, tout devenait absurde.

Nous aurions pu nous coucher, fermer les yeux et attendre que la mort vienne le chercher, mais ce n'est pas le choix que nous avons fait et je ne le regrette pas ! On a essayé à chaque fois de suspendre un peu le temps, si l'on pouvait gagner quelques minutes supplémentaires avec lui, c'était toujours cela de pris…

Clémentine a accepté de reprendre un suivi psychologique, avec une nouvelle psychologue. Elle a beaucoup appréhendé ce premier rendez-vous, elle ne voulait surtout pas parler de Florent. Mais c'est bien évidemment le contraire qu'elle a fait ; les angoisses qu'elle manifeste sont en lien avec le départ de son frère, avec ce que la maladie l'a obligée à voir de sa souffrance et des questionnements sur ce que sera sa vie à présent.

Oui, insidieusement, la maladie continue de détruire, je ne cesserai jamais de le dire. Comme un feu que l'on croirait maîtriser, mais qui petit à petit, sournoisement, se sert du moindre mouvement d'air pour se réactiver et se rappeler au souvenir de chacun. Oui, la brûlure est là, la plaie ne cicatrisera jamais.

En ce moment, à la tombée du soir vers 18 h, j'ai de grosses bouffées d'angoisse où Florent me manque atrocement. Comme les bébés qui commencent à pleurer à l'approche de la nuit. J'aurais envie de le serrer tout contre moi, de sentir son parfum et ses bras autour de mes épaules, protecteurs. J'aurais besoin de serrer fort un de ses vêtements, d'y retrouver son odeur, une quelconque trace de lui.

Alors souvent, je vais chercher son doudou, que je cache sous mon pull et je laisse venir à moi toutes les images de lui. Les larmes montent au bord de mes yeux, mais il faut les maîtriser à tout prix, parce que je ne peux passer ma vie à pleurer ! Et pourtant, un an après, j'en suis toujours là…

Le 9 octobre dernier, cela a fait un an que tu nous as quittés. J'ai proclamé ce jour férié à tout jamais, et je n'ai pas travaillé. Le matin, lorsque je me suis réveillée, je me suis dit : « *Ça va aller !* », mais quelques heures plus tard, je me suis effondrée. Toutes les images de cette dernière matinée que tu as vécue ont ressurgi ; la maladie avait décidé d'arrêter ta vie, à midi, et même si l'on guettait les moindres signes de la fin, la mort est arrivée comme une grande claque dans notre figure, cinglante. Comme chaque matin depuis deux semaines, l'infirmière était venue à 9 h, faire ta toilette et changer tes perfusions. Si j'avais su que c'était ce matin-là que tu partirais, j'aurais demandé à ce que l'on te délivre de toutes tes chaînes, je t'aurais fait tout beau et je me serais couchée à côté de toi et aurais attendu avec toi que la mort t'emmène. Parce que ce jour-là ne pouvait pas avoir démarré comme un jour banal. Le 9 octobre a été le jour de notre séparation, nous qui avons vécu chaque seconde de ces trois dernières années ensembles…

Le 9 octobre dernier, après m'être levée et préparée, je suis allée promener Guess et acheter le pain, comme une journée banale… J'ai rencontré la maman d'une copine de Clem, nous avons discuté, banalement, j'ai eu envie un moment de lui dire que pour moi, aujourd'hui, c'était une journée spéciale, mais après tout, c'est cela la vie. On ne peut pas partager son chagrin avec tous ceux qui croisent notre route. On ne peut pas le partager tout court…

L'après-midi, Jess est venue passer un moment avec moi.

Toutes les deux, on n'a pas besoin de parler pour comprendre ce que l'une et l'autre nous ressentons. Ta mort est insupportable, tout simplement.

Et puis, vers le milieu de l'après-midi, tous les amis sont arrivés. Comme lorsqu'ils débarquaient à la maison, les bras chargés de chips, coca… Ils étaient tous là, mais toi, tu n'étais plus là…

Alors j'ai sorti les chaises, ils se sont installés autour de la table, comme avant, et nous avons parlé. Bien sûr, j'ai pleuré, je les ai remerciés d'être tous là. Oui, je sais, je ne suis pas seule et pourtant, c'est de toi dont j'ai besoin…

Ils sont montés dans ta chambre, devenue celle de Margaux, ont rigolé, ont écrit des mots qu'ils ont scotchés sur les murs. Sans doute les souvenirs sont-ils aussi remontés dans leur tête : les batailles de Play, les fous rires, le foot.

Ce 9 octobre, j'ai été triste et malheureuse, mais également fière, très fière de ce que tu as laissé derrière toi. Ce lien d'amitié entre tous tes amis qui se réuniront toujours autour de toi. En début de soirée, ils sont tous allés au cimetière, déposer des fleurs qu'ils avaient achetées et ils sont ensuite tous allés manger ensemble. Voilà, c'était toi, c'est le message que tu leur as laissé, de ne pas être tristes en pensant à toi, de se souvenir des meilleurs moments et de rester unis.

Toi qui ne voulais pas qu'on t'oublie, ce 9 octobre, tous ceux qui t'ont connu ont pensé à toi et à nous…

Mais la date du 9 octobre est également celle de l'anniversaire de Géraldine. Et nous avons fêté ses 30 ans le 9 novembre dernier.

Toi qui adorais tes cousins, cette fois-ci, tu n'étais pas là. Ton destin et celui de Géraldine sont à tout jamais liés…

En début d'année, Géraldine apprenait qu'elle était enceinte – une grossesse surprise – mais dont elle a été tout de suite heureuse.

Mais la naissance était prévue autour du 11 octobre et l'on ne pouvait pas ne pas associer cette date à celle de ton départ. À la première échographie, des jumeaux étaient annoncés, mais la joie fut de courte durée. L'un des bébés ne vivrait pas et il allait falloir prendre une décision, entre arrêter la grossesse ou interrompre la vie d'un bébé pour donner une chance à l'autre de vivre, sans savoir s'il y aurait des séquelles.

À nouveau, le destin envoyait une épreuve. Comment devait-elle interpréter ces signes ? Soit elle donnait la vie, soit elle donnait la mort. Pourquoi devoir faire ce choix cruel ? Elle a finalement fait le choix de sauver l'un des bébés et le 14 août dernier, avec deux mois d'avance et quatre jours après ton anniversaire, elle a donné naissance à une petite Azélie…

Les fêtes de fin d'année approchent. J'ai retrouvé une photo de nous à la Clusaz où nous posions tous avec un grand sourire, c'était en 2012, ton dernier Noël.

Désormais, il manquera toujours quelqu'un sur la photo. Mais moi j'ai cette capacité à te faire apparaître. Je te l'avais promis, toi et moi, on ne se quittera jamais…

Maman

Margaux a écrit…

We laughed at the darkness,
So scared that we lost it,
We stood on the ceilings,
You showed me love was all you needed.
Heaven - Bevonce

Je n'ai pas le talent de ma mère pour l'écriture, mais je tiens quand même à écrire quelques mots, parce que cette maladie ne m'a pas simplement enlevé mon frère, elle nous a enlevé – à tous les quatre – une partie de notre vie et on essaie tous de se reconstruire comme on peut, petit à petit.

Malgré ce qu'il pouvait croire, mon frère a été le meilleur frère du monde. Il nous a appris à vivre, à garder la tête haute malgré tout, à ne jamais baisser les bras et à se battre jusqu'à la fin.

Même si je ne le lui ai pas dit souvent, je l'aime, du plus profond de mon corps. Je me souviens d'une fois, on vivait dans la peur que le lendemain soit pire et je lui avais envoyé un message : « Promets-moi que tu ne laisseras jamais tomber, que tu te battras jusqu'à la fin ». Et il me l'avait promis et je sais qu'il a tenu sa promesse.

Le cancer est une maladie qui ne détruit pas seulement le malade, elle détruit toutes les personnes autour.

Tu as été le meilleur frère, la meilleure personne. Je t'aime au-delà de tout et à jamais. Mon héros.

Jessica a écrit…

Je ne sais quels mots utiliser pour exprimer ce que je ressens. Florent était un grand homme, avec un courage et une force incroyable. Je suis fière et heureuse d'avoir rencontré une telle personne dans ma vie et d'avoir été sa copine.

Notre amour a surmonté toutes les situations par lesquelles il est passé. Je ne voulais pas croire qu'un jour ou l'autre, il ne serait plus là, avec moi.

Il me répétait sans cesse : « Tu mérites d'être heureuse et tu mériterais d'avoir une histoire d'amour plus belle que la nôtre et d'avoir un copain mieux que moi qui ne soit pas malade ».

Mais pour moi, notre histoire est la plus belle. Je l'aime et c'est tout ce qui compte à mes yeux. Il me manque, l'amour qu'il m'apportait me manque terriblement. Je ne sais pas à qui je dois en vouloir de me l'avoir enlevé, mais personne n'est fautif, à part la maladie, qui a pris le dessus.

Florent avait des milliers de rêves, il aimait la vie. Sa famille, ses amis étaient tout pour lui. Il a donné une leçon de vie à de nombreuses personnes, moi la première. Il voulait profiter de chaque moment avant de partir. J'ai vécu mon premier amour avec lui et je l'aimerai éternellement.

Avant de partir, Florent avait de nombreux souhaits concernant ma vie et celle de ses proches. Être heureuse est la chose la plus difficile qu'il m'ait demandé. Je ne suis pas heureuse, mais je le serai peut-être dans l'avenir. La douleur est toujours aussi intense, mais j'essaie d'apprendre à vivre avec. Grâce à notre histoire, j'ai une deuxième famille que j'aime énormément et des amis sur qui je peux toujours compter.

Florent doit être fier de chacun de nous. Oui, il nous manque. Oui, on souhaiterait plus que tout qu'il soit avec nous, mais on essaie d'avancer et de s'entraider les uns les autres. Se soutenir du mieux qu'on peut.

C'est difficile d'accepter qu'il ne soit plus là, mais malheureusement, il ne reviendra pas.

Mais une chose est sûre : on ne l'oubliera jamais, c'est son histoire, mais c'est aussi la nôtre, elle sera gravée à jamais.

Si je pouvais lui dire une dernière chose aujourd'hui, ce serait :

« Florent, je t'aime. Tu me manques terriblement, mais je vais bien, j'essaie d'avancer comme tu le voulais. Tu peux être fier de tout le monde. Ta maman a écrit ce manuscrit pour toi, pour elle aussi, mais pour que tout le monde sache quelle personne formidable tu as été durant toute ta maladie et que ton histoire soit écrite à tout jamais.

Tu es notre héros, notre ange et notre étoile qui brille dans le ciel. Je ne t'oublie pas. 11/01/2011, c'est notre date. Elle est gravée dans mon cœur et sur mon corps à tout jamais. Je t'aime et je te remercie de tout l'amour que tu m'as apporté ».

Remerciements

J'ai commencé à écrire lorsque j'étais hospitalisée à la clinique Saint-Vincent-de-Paul. Une après-midi, où mon cœur et mon corps débordaient d'émotions et où la douleur de l'absence de Florent était insupportable. Alors, j'ai laissé aller mon crayon, sans censure, sans honte ni regret.

Écrire a été pour moi une façon de rester en lien avec lui, de continuer nos conversations, même si ce travail a été douloureux.

Ma première lectrice dans la famille a été ma tante Berthe ; c'est à elle que j'ai confié ces balbutiements de confessions parce que je m'adressais à une maman qui a aussi perdu un enfant et que je savais qu'elle pourrait me comprendre, sans jugement. Je suis consciente de ne pas l'avoir épargnée par mon histoire, mais même si je sais que j'ai ravivé ses propres douleurs, elle m'a soutenue. Elle m'a convaincue que cette histoire devait voir le jour et qu'elle ne devait pas rester une conversation privée avec Florent.

Alors, Berthe, pour tous ces moments d'échanges et d'accueil de mes pleurs, MERCI ! Avec tonton et toi, Florent avait effectué son premier voyage à Barcelone, juste avant sa maladie. Même si elles étaient lointaines, il revendiquait fortement ses origines espagnoles et en était fier. C'est par un autre voyage à Barcelone, celui-ci avec Jessica, qu'il a tenu à terminer sa vie…

Je remercie encore Laura, qui m'a appris à faire sortir mes émotions, et lui dédie cet écrit.

Merci à Christèle, Maxime, Anna, Véronique.

Merci à Pauline.

Merci à Michèle et Sylvie, de l'association Cœur vers Corps.

Merci à Anne-France, de l'association « Les petits princes ».

MERCI À MA FAMILIA PARA SIEMPRE.
MERCI À MES SŒURS.
MERCI À MON MARI.
MERCI À MES FILLES.
MERCI À MA JESS.
MERCI À TOUS MES AMIS.

Le mercredi 15 décembre 2010, à 10 h 30, la cancérologue nous annonçait la maladie de Florent : un ostéosarcome, cancer des os spécifique de l'adolescent. Trois ans après, le 9 octobre 2013, il décédait, après avoir mené un combat que nul autre que lui n'aurait pu mener.

Le parcours de Florent dans la maladie aura été singulier. Du début, Florent est entré en guerre non seulement contre la maladie, mais également contre le corps médical et contre tout ce que les traitements allaient lui imposer. Et surtout, il aura tenté, en vain, de faire entendre qu'il n'était pas qu'une maladie, qu'un numéro de protocole parmi tant d'autres...

Moi, sa maman, qui l'ai suivi à chaque seconde, qui ai souvent dû parler à sa place devant les médecins, j'ai besoin de témoigner de ce qu'a été cette lutte contre la maladie pour aider d'autres familles confrontées elles aussi au cancer. Ce récit est la maladie telle que je l'ai vécue à travers Florent et ressentie. Je ne suis pas là pour régler des comptes avec les médecins, on ne peut pas réécrire l'histoire et cela ne fera pas revenir Florent. Mais s'il peut amener les équipes médicales à réfléchir sur leur pratique et les aider à comprendre ce qui peut se passer dans la tête d'un adolescent prisonnier de sa maladie, alors j'aurais réussi.

Florent avait peur qu'on l'oublie. Par cet écrit, je souhaite laisser une trace de sa vie, parce qu'il était extraordinaire, parce que lui et moi avions une relation unique qui nous a aidés pendant la maladie, parce que je veux montrer tout ce qu'il a caché de ses souffrances physiques et psychologiques.

Parce que je l'ai aimé à la folie... Et pour ses deux petites sœurs qu'il a aimées plus que tout au monde.

Oui, cette histoire est triste, mais Florent aura aimé la vie jusqu'au bout, n'aura jamais rien lâché à la maladie, surtout pas les projets qui lui tenaient à cœur. Il aura pris le temps de « terminer sa vie » avant de partir...

Ce récit n'est pas parfait. Il est le reflet de mes émotions telles qu'elles sont apparues au moment de l'écriture, sans jamais y apporter aucune correction.

J'ai comme rêve de l'offrir à Florent.

Imprimé en Allemagne
Achevé d'imprimer en novembre 2023
Dépôt légal : novembre 2023

Pour

Le Lys Bleu Éditions
40, rue du Louvre
75001 Paris

www.ingramcontent.com/pod-product-compliance
Lightning Source LLC
Chambersburg PA
CBHW062343010826
49168CB00024B/245

* 9 7 9 1 0 4 2 2 1 4 0 1 2 *